U0659155

决策思维

人人必备的决策口袋书

王嘉陵 著
CAROLINE WANG

人民东方出版传媒
People's Oriental Publishing & Media
東方出版社
The Oriental Press

图书在版编目（CIP）数据

决策思维：人人必备的决策口袋书：升级典藏版 / 王嘉陵著. —北京：东方出版社，2018. 11
ISBN 978-7-5207-0590-5

Ⅰ. ①决…　Ⅱ. ①王…　Ⅲ. ①决策思维学　Ⅳ. ①C934

中国版本图书馆 CIP 数据核字（2018）第 218321 号

决策思维：人人必备的决策口袋书（升级典藏版）
(JUECE SIWEI：RENREN BIBEI DE JUECE KOUDAISHU)

作　　者：王嘉陵
责任编辑：吕媛媛
出　　版：东方出版社
发　　行：人民东方出版传媒有限公司
地　　址：北京市东城区朝阳门内大街 166 号
邮　　编：100010
印　　刷：鑫艺佳利（天津）印刷有限公司
版　　次：2018 年 11 月第 1 版
印　　次：2024 年 7 月第 7 次印刷
开　　本：880 毫米×1230 毫米　1/32
印　　张：5. 625
字　　数：80 千字
书　　号：ISBN 978-7-5207-0590-5
定　　价：68. 00 元
发行电话：（010）85924663　85924644　85924641

作者简介

王嘉陵

她曾经是IBM全球管理级别最高的亚洲女性，亲历IBM多次成功转型。在过去的30年中，她曾先后在IBM位于美国、日本、中国香港的12个不同部门任职，成功带领跨文化的国际团队。她曾是IBM高级副总裁，负责亚太区从日本至新西兰14个国家的业务。1999—2000年，她以信息化副总裁身份，带领IBM顺利渡过“千禧虫”危机，继而担任过 IBM 商务转型副总裁、行销副总裁、全球咨询业务人力资源管理的合伙人。她现任三家跨国公司的董事，并担任香港科技大学商学院的商务实践教授，讲授 MBA 与 EMBA 高级管理课程，并曾在北京大学、清华大学、新加坡国立大学讲授“决策思维”。

王嘉陵拥有台湾大学学士学位、美国威斯康星大学硕士学位，以及美国哈佛大学双主修硕士学位。她曾出版的作品有《决策思维》(由 IBM 商业价值研究院与东方出版社合作出版）与 *Managerial Decision Making and Leadership* (由 Jossey-Bass，an Imprint of Wiley 出版)。

目　录

CONTENTS

推荐序

如今，企业执行人员、经理人员以及普通员工都需要在战略和战术上做出商业决策，在应对不同人群和任务的同时，还要平衡内外部的资源。如何做出有效的决策，帮助企业平稳运行，获得支持，并取得竞争优势，是各个层次决策者做决定的重要考虑因素。现在，能够迅速地处理大量的信息、更好地利用时间，并做出有利、有效的抉择是商业成功的关键。

王嘉陵女士以自己过去30年在IBM的成功事业为基础，为我们揭开如何有效地带领团队做出商业决策的秘密。作为IBM高级副总裁，全球最资深和最具威望的女性主管之一，王嘉陵女士曾成功地带领IBM公司的各个部门历经盛事与危机，包括市场行销、销售、技术支持、业务发展、人力资源、信息技术、商业转型、咨询服务等。此外，通过在香港科技大学、北京大学、清华大学以及新加坡国立大学讲授Executive MBA课程，王嘉陵女士成为领导力发展、决策及管理沟通领域的知名教授。

“做出正确的决策就是要有效地分配有限的资源以达到目标。”通过分析在做决策时可能陷入的误区，王嘉陵女士介绍了一种系统化的方法——GPA，来成功地做出决策。

G（Goal）目标：确立一个明确、共享的目标；

P（Priority）优先级：明确不同任务的轻重缓急；

A（Alternatives）可选方案：制作许多可选

方案，选用最好的方案去达到目标。

上述这个 GPA 方法不仅能够帮助决策者正确地做出商业决策，也同样适用于日常生活——它是一种思维方式、生活习惯，也是一个合理分配资源的关键要素。

决策成功与否取决于方案的实施，因为实施才能将决策者的想法、目标转化成想要的具体结果。必须让决策的过程为决策的执行做准备，而非在决策后才开始为执行做准备，因此决策的过程需要：

I（Information）：收集有用的信息，并决定未来必须开始收集哪些有用的信息，以评估决策实施的进度与成败，便于做出最及时的调整。

P（People）：与恰当的人员合作，提供更佳的可选方案，并从关键人员处获得支持；

O（Objective Reasoning）：客观地分析论证

可选方案在实施时可能产生的结果、带来的价值与风险，以及所需的资源，为执行实施做最好的准备。

王嘉陵女士在 IBM 服务了 30 年后，于 2010 年退休，成为香港科技大学商学院的教授，并担任三家公司的董事。我们与她一起，衷心地希望这本《决策思维》能够帮助企业与个人更好更稳地发展，并向更美好的未来迈进！

Marc A. Chapman

IBM 全球企业咨询服务部

大中华区总经理

前　言

成功的企业是依靠高质量的产品和服务在市场竞争中取胜的。而这种成功，在企业内部则要依靠高效、高质量的管理决策。

在每天的工作中，管理者的决策能力都在经受着挑战和考验，决策能力决定着管理者和企业能否取得长期的成功。高效、高质量的管理决策是绝不能忽视的。通过不断的学习和锻炼，我们可以掌握高效、高质量的决策能力。

决策思维，强调的是思维方法。想要改变我们的做法，首先要改变我们的想法。想要熟练地掌握一种决策的方法，首先要以绝佳的思维来思考每一个决策。思维方法是做好每一件事最重要的起点。

那么，决策与领导力的关系是什么？领导者与领导力的差别是什么？

领导者是拥有相对高的职位与头衔的人，是有一群跟随者的人。这些跟随者可能是自愿的，也可能是非自愿、被指派的。那么领导力呢？领导力是一个人展现出来的行为，是令其他人自愿跟随的行为。领导者未必有领导力，有领导力的人也未必拥有领导者的职位与头衔。领导者可以只是挂名的、仪式性的领导。领导者只要不作决定，就是无关紧要的角色，但是一旦作出决定，就必定会对跟随的团队产生某些影响。

每一个领导者的决定都是会产生后果的，不仅对领导者本人，对其所领导的团队也会产生正面或负面的后果。因此，对一个优秀的领导者，是以其展现出来的行为与其所作出的决定，而不是以其职位与头衔来进行评价的。高质量的领导者最具深远影响的行为就是作高质量的决定，作对整个团队有长远正面影响的决定，让跟随者自愿跟随领导者走。

因此，领导者首先必须是有未来导向的人。优秀的领导者必须以更好的未来为导向，因为历史已经不能改变，没有人可以使时光倒流，重新作一次决定，只能从历史中吸取教训，让未来变得更好，不重复过去的失败。所有的决定都是关乎未来的，因此领导者必须以未来为导向，关心的不是过去，而是如何借着自己的决定为所带领的团队创造一个更好的未来，让团队自愿跟随领导者走。

在导向未来之后，领导者所聚焦的必须是如何缩小现状与更好的未来之间的差距。即使每天有很多问题在发生，有很多人来报告领导者过去发生了什么事，领导者也必须自觉地导向未来，带领团队聚焦在如何拉近现状与未来之间的距离上，而不是讨论过去发生的事件或如何解决眼前的问题，以致失去方向。

虽然我们必须了解过去发生的事，也要了解当前需要解决的问题，但是我们的导向必须是更好的未来，我们聚焦的必须是如何拉近现状与未来之间的距离。如果花更多时间了解过去或者花更多时间解决眼前的问题并不能帮助我们拉近现状与未来之间的距离，我们就必须停止讨论，有意识地带领团队导向未来，聚焦在拉近现状与未来之间的距离上。

因此，作为一个优秀的领导者，在带领团队作决定时，必须展现领导力，带领团队作三个转换：

第一，从过去导向转向未来导向；

第二，从解决问题转向创造更好的未来；

第三，从发表意见转向提出可执行的建议。

这三个转换看似理所当然，但却不是领导者经常展现的行为。领导者时常让团队花太多时间讨论过去，解决当前的问题，却不愿意花足够的时间讨论对未来的影响；领导者总是花太多的时间让团队发表意见，却不愿意花足够的时间思考并提出可行的建议，创造一个更好的未来。

然而一说到决策，很多人会认为这是领导者的事情，与自己无关。很多著作赋予了领导者英雄的光环，好像他们具有某种特别的素质，使他们不同于凡人。尤其是我们所说的英雄通常是个人英雄，强调个人的天赋、直觉，但是对组织来说，这种个人英雄反而会成为把事业做大的瓶颈。领导者只是一个组织赋予某个人暂时的角色，能够提升整个团队的能力、带领整个团队最有效地达到组织目标的领导者，才是优秀的领导者。如杰克·韦尔奇所说：“在你成为领导者之前，成功只与个人的成长有关；在你成为领导者之后，成功都与别人的成长有关。”领导者应该关心如何提升组织成员为组织做决定的能力。

我观察到很多领导者是凭直觉做决策的，甚至有些成功人士在公开演讲中或书中也鼓励大家依靠自己的直觉去做决策。我认为这是相当具有误导性的。因为直觉如果没有规律可循，这种直觉就只能等于运气。可是，运气不能重复，运气不能复制，无规可循的直觉也不能被人学习。因此这种个人的直觉对整个组织的永续经营是没有长远价值的，只能让领导者标榜其个人的特殊能力，但是对于整个组织的能力提升，是没有贡献的。每一位负责任的领导者都应该有意愿，也有能力公开他们的决策思维，让团队能够学习，能够重复，使所有组织成员无论领导者是否在公司，都能做出同样高效的决定。这种发挥所有成员力量的组织才能真正地做大做强，永续经营。

一个组织最有限、不可再生的资源，就是时间，是每一位成员的工作时间。组织成员的工作时间是组织资产，不是个人资产，是组织用财务资源换来的时间资源。从这个意义上来说，每位成员都是组织的决定者。领导者决策的效果，是由每一位成员如何运用他们的工作时间所决定的。因此优秀的领导者最关注的应该是如何提升整个团队的能力，而其中最重要的一点，就是提升每一位成员做出高效决定的能力，也就是把组织中有限的资源，包括每天的工作时间做最大化的运用，以求最有效地达到组织目标。

领导者如何有效地带领团队做决策，是很值得探讨的题目。如果能够有一个公开的、共同的决策思维，那么，领导者就可以高效地带领团队做出最高品质的决策，并且能够消除无效的办公室政治。在有些组织里，之所以会出现办公室政治，主要就是因为大家不知道领导者的决策是怎么做出来的，不了解领导者的决策思维，因此必须私下跟领导者搞好关系，希望领导者的决策对自己比较有利。这种办公室政治，只会降低组织效力。所以，如果领导者有一个公开的决策思维，让组员学习，整个团队就可以通过一个共同的思维架构来做决定，最有效地运用组织有限的资源，达到组织的目标，并共同承担责任，对后果负责。这正是本书要跟大家分享的。

事实上，我们的确可以找到这样一个思维架构，帮助我们理性而科学地做决策。说到做决策是科学的，其实一点都不错，也不神秘，科学就是先有观察、思考，然后去实验、行动。所有的科学实验都是从假设开始，然后去做实验，以证明或推翻这个假设；如果实验成功，这个假设可能就会成为一个科学定律。以科学的眼光来看决策，同样是在不断的实验、学习中摸索出规律。

过去有很多非常有勇气的创业者，最后却成了悲剧性的英雄。我觉得相当可惜，这一批草莽英雄，勇敢的、有才华的创业者，凭着自己的勇气、智力和毅力，在没有清晰的决策架构的情况下，做出一些凭直觉的决策。如果有一些做过实验的“过来人”能够在决策过程给他们一些帮助，这些创业英雄的悲剧结局，是可以避免的。

因此，本书根据我自己在不同国家、不同部门做专业经理人的观察、思考、实验与学习，摸索出一个决策思维的架构，与大家分享。本书不是为了树立更多的个人英雄，而是要使每一位专业经理人都能高效地带领团队做决策，提高整个团队的决策能力，让每一位成员都可以为组织做出最好的决定，一同最有效力地达到组织与成员共享的目标。同时，这样的决策思维方法，并不限于企业管理决策的范围，在我们每天的日常生活中，包括购物、处理私人事务以及支配我们每天的时间，也同样适用。

第一章

决定与决策

本章要点

决　　定：分配资源，包括有形的资源和无形的资源。

决 定 者：分配资源的人。

决　　策：一组具有长远影响的决定。

决策过程：选择最好的方案，以有限的资源达到目标。

战略决策：选择最好的跑道。选择做对的事。

执行决策：在所选择的跑道上跑得最佳。选择把对的事做对。

能　　力：决策者知道如何制定高质量的决策。能力来自技能与资源。

意　　愿：决策者愿意制定高质量的决策。意愿往往需要动机与勇气。

一、什么是决定

说到决定，首先要明确“决定”这个词的定义。很多人认为，决定就是“拍板”。领导者们常常开会，也常常会认为自己在各种会上做了一些决定，“拍了一些板”。然而，这其实是一个很大的误区。决定不仅仅是一次讨论、一种思想上的认同、一个命令，或者是众人的同意。决定更是需要付诸实行的，要付诸实行就需要分配资源。所以，如果没有分配资源，就没有真正做决定。如果我们不准备改变资源的分配，那就表示我们不准备改变现有的状况，那就没有做出不同的决定。

我们要把决定当动词来行动，而不是当名词来空谈。决定是为了执行，执行是为了达到决定的目标。

决定即命运。

——Frederick Speakman

决定的必要性在于：

1）有选择——没有选择就没有决定可做；

2）资源的有限性——资源如果是无限的，我们就可以做任何我们想做的事，而不需要做选择；

3）有目标要达到——没有目标，任何决定都无所谓。

因此，决定的过程就是选择最好的方案，以有限的资源达到目标；而决定实质上就是资源的分配。

资源包括有形的资源和无形的资源。有形的资源就是可以量化的资源，如时间、金钱、人力、物力、知识产权等，无形的资源就是有潜力被转化成有形资源的资源，如名气、士气，声誉、关系，知识、能力等。无形的资源同样非常重要，我们可能没有出钱或出力，但是愿意将名气、声誉放在某些事情上，这也是一个决定。譬如说，有的领导者可以拍板（所谓的拍板，就是他点个头）；有形的资源并不一定由他分配，但是他点个头，其他可以分配有形资源的人，就会去分配资源。资源不论是有形的还是无形的，都是有限的，都是会耗尽的，因此必须有意识地去分配、运用。

决定就是资源的分配。高效、高质量的管理决定，就是最有效地运用有限的资源，达到组织的目标。更好的决定就是用更少的资源达

到同样的目标；最差的决定就是用了很多的资源还达不到目标。

这是一个非常重要的观念，听上去似乎很简单，却可以帮助我们想通很多问题。我们许多的决定好像被卡住，我们讨论了那么多遍的事却没有结果——原因在于我们没有分配资源，或者我们没有改变资源的分配。只有分配了资源的事，才是决定了的事。很多领导者只下命令，不运用资源；只训话，不做决定；只给压力，不改变资源的分配。结果无法成就下属执行指令，只会造成下属的挫折与无力感。所以，我们在做决定时，就应该把决策和执行当作连续的行动来看。决定就是为了执行，执行就需要分配资源；如果不准备执行决定，那就是喊口号、空谈哲学而已。高效的执行力就是用最少的资源完成任务。高速的执行就是用最少的时间资源达到目标。因此，能用更少的资源达到同样的目标，就是更好的决定。

二、谁是决定者

决定者是分配资源的人。

有时候，获取资源和分配资源的是不同的人；有人获取资源但不分配资源，有人分配资源，但其实并不拥有这些资源，比如秘书安排老板的日程。又比如夫妻两人，先生是赚钱的、获取资源的人，而妻子是花钱的、分配资源的人。那么，推销员应该向谁推销产品？应向妻子推销，因为妻子是购物者，是分配资源的人，是真正的决定者。虽然先生获取了资源，但事实上分配资源的是妻子。你应当向实际分配资源的人推销，因为实际分配资源的人才是真正的决定者。

我经常听到有人说，我拟订非常好的计划，但老板不同意，最后没有执行。对此，我的回答是，如果你的老板是分配资源的人，那么老板才是决定者；你是建议者，你一定要取得老板的支持，并根据你的建议做决定、分配资源，你的计划才可能执行。我们在工作中推动任何一件事，都要先停下来想清楚，谁是决定者，否则乱忙一场，没有得到决定者的支持，那就是空谈、白忙了。这个决定者就是能够分配资源的人，他或许也是制造、掌握、获取资源的人，虽然有的时候并非如此，但是他一定是可以分配资源的人。

没有什么事比能主导决定更加困难且宝贵。

——拿破仑·波拿巴

对卖方来说，一个不花钱的富人，与一个没钱花的穷人是同等的，因为他们都不做购买的决定。虽然他们花钱的潜力不同，但很难说谁的潜力更大。如果有意愿的穷人可以借钱来花，那他就可能比坚决不愿意花钱的富人，更有潜力成为购买的决定者。只有分配了资源，才是真正做了决定。

在我们的工作组织中，不仅“大老板”是决定者，事实上组织里的每一位成员都是决定者，因为每一位成员每天都在分配他的工作时间，而这些时间正是组织最有限、最宝贵的资源。如果领导者拍了板，可是却不能改变成员的工作时间分配，那么这位领导者的拍板是没有实质意义的。对于组织来说，真正的决定，就是让所有成员如何更有效地分配他们的工作时间。

三、什么是决策

我们常常把决策看作是一个大方向、大策略。当然，方向、策略都是必需的。但最终而言，决策就是一组具有长远影响的决定，向着同一个目标迈进的一系列资源的分配。

比如，国家要开发某个地区，这个决策不应只是一个计划、指令，而是要进行一系列的资源分配。交通部、教育部、卫生部、建设部、水利部等各个相关部门，都要据此往这个地区投放资源——人力、物力、财力，这一系列有深远影响的资源分配，才是真正的决策。

决策就是一组具有长远影响的决定，是一系列的资源分配。

四、决策的过程

决策的过程就是选择最好的方案，以有限的资源达到目标的过程。这里有三个重点：第一，有限的资源；第二，明确目标；第三，选择方案。

如果资源无限，那就不需要做决定了，想做什么就做什么。正因为资源是有限的，至少，时间资源是有限的，所以我们才需要取舍。每一个决定都是一次取舍。有决定，才可能掌握机会，同时也有成本的支出。选择的过程，就是取与舍的过程。

命运就是所有选择的总和。

——阿尔贝·加缪（Albert Camus）

目标是我们的起点，也是终点；是我们思维的起点，行动的终点。当然，选择目标也是一个非常重要的决定。如果没有目标，怎么做决定都无所谓，反正不在乎去哪里。

如果没有可选的方案，就没有决定可做。因此，决策的过程就是选择一个目前最好的方案，以有限的资源达到我们的目标的过程。没有选择，就没有决定可做，这听起来非常简单，似乎是显而易见的，却常常被我们忘记。因此，没有更好的选择，就做不出更好的决定。

五、战略决策与执行决策

如果说战略决策是选择一个好的跑道，那么，执行决策就是要在选择好的跑道上跑得最佳。战略决策与执行决策不能分开来考虑，战略决策是为了成功地执行，执行是为了达到战略决策的目标。每一位负责任的战略决策者，都必须把决策与执行作为一件事来思考，否则就可能做出不负责任的战略决策，或者无法执行的战略决策。

战略决策与执行决策是一件事的两个阶段，不能在思维上分开来考虑。

做战略决策，选择跑道时需要考虑三个重点：第一，方向；第二，目的地；第三（也是常常被忽略的一个重点），范围、边界，一个没有边界的跑道根本不能算跑道。

优秀的决策执行，就是将有限的资源做最佳的利用，在选择好的跑道上跑得最快。低效率的执行者，可能在选择好的跑道上跑得很慢，用了很多的时间、人力、财力、物力，最终才到达目的地。高效率的执行者，则会在选择好的跑道上竭力奔跑，很快地用最少的资源到达目的地。但前提是，战略决策必须把跑道选好。如果跑道选得不好，那么跑得越快，就会越早到达不理想的目的地。

战略决策应该由高层领导者来做，这是不需要常常改变的。我相信一个跑道如果选择得好的话，应该在五年内不需要做大的调整，虽然在宽度上可能需要调整，但是在方向和目的地上，不应该三心二意、朝令夕改。然而，执行决策是可以与时俱进的，任何时候只要有更好的方法跑，更好的人跑，我们都应该随时准备做调整。

六、通用的决策架构

到目前为止，许多人没有采用一个通用的

决策架构。为什么？因为存在三个误区：

第一个误区，我们认为每一个决定都是独特的，所以不可能采用一个通用的决策架构。譬如，我在公司要提拔哪一位员工，与我的小孩要上哪一所学校，这两件事情有什么相关性呢？再比如，我要在哪里买房子，与我的公司要在什么时候推出一个新产品，好像也是风马牛不相及的两件事，怎么可能用同一个架构来思考不同的事情并做决定呢？事实上，虽然目标、资源、可选方案不同，但是，所有决定的过程，仍然是选择最好的方案，以有限的资源达到目标的过程。那么我们就可以用同一个思维架构，去考虑每一个决定。

第二个误区，我们认为每一个决定者都是独特的。有些人比较理性，他们可能需要许许多多的信息来进行分析，然后才能做出决定。有些人比较果断，他们的直觉比较好，他们就凭着直觉做决定。无论决定者如何去做，只要他们能做出好的决定就可以。但是，这个“只要”，是一个非常大且危险的假设。理性的人长于分析数据，但也可能做不出理想的决定。为什么？因为所有的数据都是关于过去的，只有已发生过的事才能产生确实的数据。对于过去，我们只能评论，不能使时光倒流而重新做决定了。因此，所有的决定都是关乎未来的，未来是还未发生的，因此没有事实根据，只有假设。我们对关于未来的决定，即使是经过了最理性的分析，也总是有未知数。越理性，往往越容易往后看事实，看已经发生过的事，看历史，难有突破性的进步。一个人如果凭直觉做决定，也许会成功，但是无规可循的直觉，不能重复，我们只能羡慕他的幸运，不能学习他的能力，更不能期望重复他的运气。

其实，重复的好直觉背后是有规律可循的，

所以我们必须总结出一套规律，才能够让所有团队的成员都做出好的决定，达到共同的目标。高效的决定需要理性与感性并用。不论是理性的人，还是感性的人，都应该有意识地用一套逻辑思维来思考每一个决定。

第三个误区，以为决定是一次性的事件，而非一个不断进步的过程。因为人们以为决定是一次性的重大事件，做了就不能改，又有深远影响，所以面对未来的不确定性，下属多不敢也不愿承担可能的风险，因此就将一切决定交给领导做，由领导承担一切后果。这样，下属非常被动，不承担责任，也没有成就感，而领导则非常辛苦，劳心劳力，心力交瘁。

因此，一个人人都可以学习，全团队都可以共用、公开讨论的决策架构，可以帮助所有成员各尽其职，在各自的权责范围内，做出对团队最好的决定，使所有成员都有责任感与成就感。

七、高效、高质量决策的意愿与能力

那么，如何做出高效、高质量的决策呢？这需要两个条件，就是意愿和能力（Willing and Able）。有意愿、有能力，什么事都办得到。当领导者，就是要提高团队的意愿和能力。如果在绩效上出现问题，不论是什么问题，都可以从这两方面去寻找原因，不必想得太复杂。就看是意愿不足呢？还是能力不足？如果是意愿不足，组织可以透过沟通、氛围、文化和各种奖惩的方法来提高意愿，但是，每个人必须具备基本的自驱力。如果是能力不足，组织可以通过资源投入或者培训来提升能力，能力也会随着经验和见识的增长而提高。

高质量、高绩效的个人或团队，都具备高意愿和高能力这两个条件。

也许有人会说，每个人都愿意做出高质量的决定。但其实未必，有的时候我们可能知道什么是好的决定，却未必有这个意愿去做。为什么？因为有困难，有阻力，要过很多关，有风险，我们不知道如何去过这些关，所以意愿也就会降低。意愿与能力是相互影响的：如果意愿高，我们就会主动去提升自己的能力；而能力高的人通常意愿也比较高，因为他知道如何去做。就做决策而言，也是如此。“有心，就有路”（Where there is a will，there is a way），这始终是我的座右铭。

意愿需要一些勇气，因为做决策都是关于未来的。我们永远不会有充足的、关乎未来的信息，未来有未知，有风险，有挑战。所以要向未来大步迈进、勇往直前，是需要一些勇气的，更需要有意识的风险管理。恐惧常常使我们失去尝试的勇气，使本来可以赢得的却变成失去。其实有风险没有关系，只要我们有控制风险的方法。然而，控制风险是需要资源的，在可以分配资源来控制并降低风险的情况之下，我们就可以冒险。

勇气并非来自无所畏惧，而是因为认定有些事情比恐惧更重要。

——Ambrose Red Moon

有志者，事竟成。

——范晔，《后汉书》

让我来告诉你成功的秘密，我的能力完全来自坚持不懈。

——Louise Pasteur

在这个过程中，我常常以一句祷告词来提

醒自己："神啊，请给我勇气改变我可以改变的，给我平静接受我不能改变的，并且给我智慧来区分这两者。"它表现在决策上就是：如果这个资源是我可以分配的，我就要有勇气做出最好的决定；如果这个资源不是我能分配的，那么我要有勇气做建议，更应该平静接受决定者的决定；并且，我要知道在这个决策过程中，自己应该扮演什么样的角色，有智慧来区分这两种情况。

第二章

决策的陷阱

本章要点

锚的陷阱

固守成规的陷阱

顾惜已支付成本的陷阱

肯定证据的陷阱

框架的陷阱

估计与预测的各种陷阱

问题陷阱

机会陷阱

希望在审批过程中能提升决策品质的陷阱

一、决定的六个心理陷阱

根据John Hammond、Ralph Keeney和Howard Raiffa所做的研究，一般人在做决定时都容易陷入以下六个常见的心理陷阱。

1. 锚的陷阱

锚的陷阱（Anchoring Trap），顾名思义，就是抛一个锚，船就被固定了。这个“锚”，就是一个先入为主的信息，可能是某专家或名人发表的心得，报纸、杂志发表的调查结果，根据历史数据所做的分析，或者领导者的一句话。这些信息对我们的影响就像锚一样，把我们的思维固定在某一个点的周围，不敢离开太远。

例如，领导者对某件事发表了个人的看法，下属就不敢有别的想法；一封电子邮件告知吃某种食物可能会导致癌症，尽管这封电子邮件的内容并没有科学依据，但是有人看了，就不敢吃这种食物。这些都是锚的陷阱。

2. 固守成规的陷阱

固守成规的陷阱（Status Quo Trap），即只照旧做事，没有问题就不愿改变。因此，创新、进步都不在思维的范围内。但如果一个现有的资源分配，完全是资源的浪费，我们还要维持现状吗？

我从 1996 年起在东京工作过七年。如果坐汽车去东京的成田机场，在距机场几分钟车程的地方，有一个关卡，乘客会被检查护照。然而，必须有护照才能去机场吗？如果只是去接人，也一定要有护照吗？不应该是要出境时，才需要检查护照吗？还没有进机场就检查护照，这关卡有什么作用？虽然检查员非常客气，没让旅客感觉被骚扰，但我还是要打破砂锅问到底。

终于有位同事告诉我，在建造成田机场时，因为需要征收附近的农用地，再加上交通流量增大，农民觉得有噪声，所以就极力反对，并有些抗议的行为，甚至发生过一次暴力冲突。于是政府就设了一个关卡，在建设期间，没有工作证件的人不准进入这个施工范围。然而，机场建好后，那个关卡并没有被撤掉，却改为用于检查护照，因为总要找个理由来保留这个已经存在的关卡。

事实上，不需要护照也可以进机场，如果你真的说没有护照或没带护照，检查员也会让你过去，不可能叫你下车。所以，这完全是一个存在多时，却没有作用、浪费资源的关卡。

然而，既然国家有这项资源和预算，又没有人抗议，大家就这样继续浪费资源。这就是固守成规的陷阱。成田机场投入使用几十年后才取消了这个关卡。

3. 顾惜已支付成本的陷阱

顾惜已支付成本的陷阱，也可以叫作沉没成本陷阱（Sunk-Cost Trap），一条船已经沉了，但是我们顾惜已支付的成本，硬是花更多的钱，把已成废铁的船打捞上来。这是最容易被赌场利用的陷阱，赌徒在输钱时，会因为不甘心而继续下更大的赌注，想把已输的钱赢回来。

在我们的现实生活中，这也并不鲜见。比如，你本来不想买股票，但是你的朋友向你推荐说某家新上市的公司很有前途，其股票价格当时是 10 块钱。你买了之后，股价就一直涨，涨到 15 块、20 块，你非常高兴，一直舍不得卖。结果，过了不久，股价一路跌下来，跌到5块钱。大多数人不会在5块钱的时候把股票卖掉，因为他们觉得：第一，我当初是10块钱买的，我现在不甘心5块钱就卖掉；第二，它曾经涨到过20块钱，我为什么现在要5块钱卖？

其实这就是顾惜已支付成本，而过去的成本，跟我们现在所要做的决定是无关的。所有的决定都是关乎未来，而非过去。过去已没有决定可做了。我们应该考虑现在的5块钱投资在哪里会在将来带来最大的回报，而不是股价过去曾经涨到几块钱，因为这历史未必会在未来重复。但是我们的心理上就是有一个陷阱，顾惜那些已支付的成本，而不肯卖，不考虑其他更有回报的可选方案去运用这笔资源。

再比如，一个项目进行得不好，其实大家心里都知道这根本就是一个错误的决定，可是既然已经投入一些资源，就这样放弃会不甘心，所以就硬着头皮花更多的时间、更多的资金，想把它做好。这就是一个因为顾惜已支付成本，而增加更多成本的陷阱。如果这个项目已经做得不成功，需要有一个正确、客观的分析时，就不要去找那些当初赞成这个决定的人来分析，因为他们都跳不出这个陷阱，他们一定会说再多投入一些钱、一些时间，一切都会好起来。但是，更好的决定就是用更少的钱与时间去达到同样的目标。

4. 肯定证据的陷阱

很多陷阱都是相互关联的。在陷入顾惜已支付成本的陷阱时，我们常常会去收集一些证据，来肯定自己的决定。肯定证据的陷阱（Confirming Evidence Trap）指的就是，我们心中对某个决定已经有了一个倾向，于是就去收集各种肯定那个倾向的证据；对于逆向的、反对的证据，我们就故意忽略或轻视，而对于肯定我们倾向的证据，我们就特别注意，提高它的价值。

譬如说，我已经决定买某一个区的房子，我就会收集各种各样的证据来巩固自己的这个决定、倾向，说这个地区多么好，这个地区的房子有各种各样的优点。但是如果我的配偶说他不同意，他想去另外一个区买房子，他也收集了一些证据，我就会尽量去轻视、降低那些证据的价值，而抬高我的证据来肯定我的倾向。

又比如，有人会为保留日本成田机场外检查护照的关卡找各种理由，譬如提醒旅客别忘记带护照，或是出于安全的考虑等等，这些都是肯定证据的陷阱。因为我们心中已经认定日本人这样做不会没有理由，所以就替他们找借口。事实上，提醒旅客别忘记带护照，应该在上车时就提醒，而不是在坐了一个多小时的车后再提醒。检查护照也不能保证安全，难道搞恐怖活动的人都没有护照吗？这都是肯定证据的陷阱。

5. 框架陷阱

框架陷阱（Framing Trap）是更容易掉入的陷阱。比如，你在深圳工作了一段时间，有一天接到家乡同学的电话说，他的公司最近决定调他到深圳工作，他下个月就要带着妻儿来了，请你帮他在你家附近租套房子。你接到这个电话后，非常热心，立刻在你家附近做了大量调查，你去看了至少 10 套出租的房子，比较之下，向他推荐了 3 套，你甚至带着数码相机拍了很多照片传给他，请他选定后，你就帮忙去交订金。表面上看，你是很够交情的同学。

实际上，这里有一个框架的陷阱。当初你

的同学说，请帮忙在你家附近租一套房子，这就成了一个框架，你就在这个框架里面忙来忙去。其实，如果你真是一位好朋友的话，应当先来探索这个框架的正确性，也就是说，在你家附近租房子到底对你同学合不合适。你可以先问自己几个问题：同学来深圳工作是在哪一区？离你家有多远？他的孩子几岁？要上什么学校？他来深圳要待多久？是永久性的还是暂时性的？否则他们一家大小搬来了，住到你家附近后才发现，每天上班路上要花一个小时，这个区域的小学又不理想，又因为租约而错过了买房的好时机……到时候他反而会怪罪你当初不为他着想。你尽心竭力地帮忙，却帮了倒忙。这就是一个框架的陷阱。

有的时候，老板交代工作，往往因为一句没有多加解释的话，员工就被局限在一个框架里面跳不出来，没有花心思或者不敢去探究老板所给的这个框架本身是否正确，当然也就可能白忙一场，并做了不理想的决定。

6. 估计和预测的各种陷阱

估计和预测的各种陷阱（Estimating and Forecasting Trap）包括过于自信陷阱、过于审慎陷阱、追忆陷阱等等。为了做出关于未来的决定，我们需要做一些对未来的估计和预测，但是我们的估计常常都是根据过去的经验和数据得来的。如果过去的经验是成功的，我们就有可能过分自信；而过去的经验如果是失败的，我们就可能会过分谨慎，其实这两者都不是帮助我们面对未来的好方法。追忆的陷阱，就是我们根据记忆中某一重大事件的印象或某个特殊的案例，来评论未来，以偏概全。这些都是在预测未来时容易掉入的陷阱。

二、管理决策的三大陷阱

上述六个陷阱，都是我们在日常生活中最容易掉入的心理陷阱。当我们具体讲到管理决策时，也有三个非常普遍的陷阱。一般的管理方法似乎就是墨守成规，直到有两种情况发生：一是有问题出现；二是有新的机会出现。当这两种情况发生的时候，我们才会改变对资源的分配，但这时也就容易陷入下述管理决策中最常见陷阱的前两个。

1. 管理决策的第一个陷阱：问题陷阱。以问题为起点，让问题推动决策，以解决问题为目标。

我们的时间和资源常常被用来解决问题。许多经理人和领导者都有普遍感受，好像上班的时间都在忙于解决问题，而且很多是别人的问题。当然有些问题是需要解决的，但有些问题不见得需要我们去解决。让问题推动决策是一个很常见的陷阱，但是大多数人都会陷入其中。

我的一位女同事在上班的路上出了车祸，车子全毁了，于是向保险公司申请赔偿。在写事故原因时，她实在有点不好意思。结果保险公司来调查的时候，调查人员竟反过来安慰她说："你不要难过，我一年会遇到好几次这样的情况。"那么是什么情况呢？原来，她之所以会撞车，就是因为一杯咖啡。她一边开车，一边喝咖啡，遇到一个转弯，而她的速度又太快，此时她想到，这样一转弯的话，咖啡就会泼到她的白色长裤上面，而到办公室后她的第一件事就是要参加一个重要的会议。

那么，问题来了，对这杯咖啡是救还是不

救呢？相信一般人都会去救，因为救总比不救好。如果你只是以咖啡的问题作为决定的出发点，当然救咖啡比不救咖啡的后果要好。于是她就低头扶了一下咖啡杯。说时迟那时快，眼睛稍微偏离了公路一下，另外一只手没掌握好方向盘，车子就撞上了马路中间的隔离墙。

在这里，那杯要洒的咖啡就是我们所说的“问题”，而且是紧急问题。我们在遇到问题时的第一反应，就是去处理问题，我们常因此而忘记我们真正的责任与目标。我们面对以上状况时，可能对下面4个问题有正确的答案：

1. 咖啡将要泼到我身上是不是一个问题？是。

2. 如果我让咖啡泼到身上是不是会造成一些不良后果？是。

3. 我是不是可以解决这个问题的人？是。

4. 解决这个问题是不是比不去解决更

好？是。

以上 4 个正确答案却带来非常不理想的结果：不但没有解决咖啡问题，还造成更大的问题，更没有达到目标。因为以上 4 个提问都是以问题为起点，而不是以目标为起点。以正确的答案去回应错误的提问是无用的。决定的起点必须是想要达到的目标，而非眼前的问题。以问题为起点，就输在起跑线上了，并会结束于更多的、另外的问题；以目标为起点去思考决定才可能达到目标。

我们的责任是要用有限的资源去达到组织的目标，即使在处理眼前问题时，也必须以目标为思维的起点去思考、做决定。然而在紧急状况中，我们常常就想不清楚了，所以我们必须在平时多做训练，锁定我们的目标，不轻易被问题状况干扰，而把真正的目标追丢了。

我们上了一个星期的班，回头想一下，这

一个星期到底成就了什么事，有没有与目标拉近距离？很多人可能在一周内解决了一大堆问题，可是他们不但没有离目标更近，还退步了，离目标的距离反而更远了。所以，这是最大的陷阱。我们要拒绝这个冲动，眼睛要永远盯着目标，看着路，竭力追求与目标拉近距离。“目标永远是决策思维的起点，行动的终点。”

2. 管理决策的第二个陷阱：机会陷阱。以机会为起点，在只有一个方案时，就做是非题。在没有其他选择时就做决定。

很多人都有这样的经历，本来要去买一条长裤，结果到了商场之后，发现在大减价，于是我们在那些“三折”“五折”的诱惑之下，买了一大堆东西；最后发现钱花光了，本来要买的长裤没有买，反而买了一堆根本不需要的东西。

这就是以机会为起点。当一个机会出现时，我们的思维容易陷入是非题的模式，一味地考虑是要抓住这个机会，还是放弃，而没有考虑这个机会是不是能帮助我们达到目标的最好方案？有没有其他更好的方案可以到达同样的目标？抓住机会是达到目标的手段，而非目标的本身。以某个机会为起点的思考，是常见的“手段目标化的陷阱”。

决定者要做“选择题”，而不是做“是非题”。“是非题”表示只有一个方案，我们在决定是肯定它还是否定它。事实上，只有一个方案时是没有选择的；没有选择就不是做决定的时候，而是去制作更多可选方案的时候。因为，没有更好的方案，就做不出更好的决定。

例如，某部门提出一个投资方案，申请更多的资源，理由是部门业务正在快速发展，需要更多的资源。于是，大家就开始对所提出的建议进行讨论，争议一场，最后表决投资或者不投资。实际上，这是一个巨大的陷阱。为什么？因为我们只有一个建议，一个方案。虽然有许多的意见，但实质上只有一个建议。当只有一个建议的时候，没有其他的选择。在没有选择的情况下，我们不可能做出最好的决定。

因为提出这个建议的人有盲点，他不会看到自己建议的缺点，而且他会掉入肯定证据的陷阱，他会收集各种各样的肯定证据，来支持他的建议。于是大家就一起跳到那个陷阱里面去讨论，来完善这唯一的选择。也许，经过大家的讨论，这唯一的方案可以逐渐完善，比刚提出时好多了，但是众人讨论的焦点仅仅集中在这唯一的方案上，没有考虑到其他选择。难道就只有这一个方法可以让业务发展吗？难道没有其他更好的方法吗？“条条大路通罗马”，如果只有一条路能到罗马，就没有选择，就没有决定可做。当建议者在他的框架陷阱和肯定证据陷阱里面跳不出来时，决定者自己就要跳出来，不要被建议者牵着在陷阱里讨论。如果面前只有一个建议，在没有选择的情况下，是不需要做决定的。

在做决定时，要避免“做”或者“不做”的是非题，而要做选择题；要在多种创新、本质上不同的方案中，选择最好的方案来达到目标。

3. 管理决策的第三个陷阱：希望在审批过程中能提升决策的品质

这种情况在官僚式的机构中尤其常见。基层的人员做了一个计划，一层一层报上来。每个人都想，反正上面还会人有看，或者是下面的人已经看过了，于是大笔一挥就批了。所以，一个很大的计划，一开始常常是由最基层的人员提出来，他可能没有很高的境界、很宽的视野，由他制订的计划在这样一层层报上去的过程中，品质是不会提高的。就像一块布，如果我们一刀裁下去已经裁成了一条短裤，那再怎么改也不会改成一件美丽的长晚礼服，最多是裤腿宽一点或者窄一点，前面贴个花或者后面弄个装饰之类，但是它已经成型了，就是一条短裤而已。

日本的成田机场在过去几十年间花了很多资源，去保留一个完全没有作用的关卡。我相信这也是因为掉进了这个陷阱：反正一层一层报上去，每年都有人签字，所以就这样墨守成规了。

以上，我们看到的都是陷阱。了解这些陷阱之后，在决策的过程中我们就要提醒自己，不要留在这些陷阱里面。然而，我们不能以躲避陷阱为重心，为方法；因为我们如果一心想着要躲避这些陷阱，就会一直看着这些陷阱，常常就因为聚焦在陷阱上，我们反而跳进去了。我们必须用积极的方法去思考每一个决定，我们要盯着我们真正的目标，同时提高警觉，不要陷入上述的陷阱中。

高效、高质量的决策需要满足两个要素：决策内容高质量和决策过程高质量。

决策内容高质量的三个重点：GPA。GPA（Grade Point Average）是双关语，一方面它代表成绩的简称；另一方面，我们可用GPA帮助我们记住决策内容高质量的三个重点，也可用GPA来给决定的内容打分数。

GPA，它代表目标（Goal）、优先级（Priority）、可选方案（Alternatives）三个单词的英文缩写。从这三个方面把关，便可以确定一项决策的内容是不是可以得高分。

决策过程高质量的三个重点：IPO。IPO 也是双关语，一方面它代表股票上市的价格（Initial Public Offering），而股票价格肯定会因市场的需求与公司的发展而改变。同样，我们现在的决定也会因将来市场的变化与公司的成败而改变。因此我们在做决定时，就应该为将来主动调整我们的决定做好准备。

另一方面，IPO 代表信息（Information）、人员（People）、客观推理（Objective Reasoning）三个英文单词的缩写。IPO 包含了在决策过程中，需要考虑的三个方面：

1. 应该收集什么样的信息（Information），为将来主动调整我们的决定做准备；

2. 在决策过程中，什么样的人（People）应该参与决策；

3. 如何进行客观推理（Objective Reasoning），在各种可选方案中做最后的选择。

这三方面的因素都会影响到一项决策的最终效果。IPO帮助我们记住，决定像股票价格一样，是会改变的。由自己主动地改变、优化，是英雄；等着被别人改变，就是失败者。

应用GPA的三个重要提问。在我们每天上班前先问自己三个问题，再开始工作：

1. 我今天要做的事能不能与组织共享的目标挂钩？如果不能，请不要做。

2. 在达到组织共享的目标上，有没有比我今天要做的事更重要的事需要我去做？如果有，我应该先做那件更重要的事。

3. 如果我今天要做的事就是最重要、必须最先做的事，那么有没有更好的方法去做？如果有，我应该用更好的方法去做。

第三章

目　　标

本章要点

目标（Goal）：

从愿景开始，一直把目标记在心里，放在眼前，挂在嘴边，带领团队面向目标，(而非面向问题)，引导团队聚焦在拉近现状与目标之间的距离上，共同追求目标。

目标是我们的起点，也是终点，它是我们思维的起点，也是我们行动的终点。

“失败为成功之母”只适用于有长远目标的人，否则眼前的失败就是终极的失败。

目标是我们的起点，也是终点，它是我们思维的起点，也是我们行动的终点。我们分配资源，并不只为解决问题，而是为求达到目标。

因此，决定不是一次性的事件，乃是一个不断进步的过程；用有限的资源做最佳的分配，以达到长远的目标。

未来与事实是互相抵触的。事实都是过去已发生过的事，时光不会倒流，让人再做任何决定。所有的决定都是关乎未来，而未来却没有事实根据，只有未知，以及我们对未知的假设。

很多人面对这样未知的未来，就不敢做决定，以为决定像算命一样，要把未来预测得很准。因此，没有人敢做决定，只好等着领导来做决定，让领导来承担所有的责任和风险。结果，领导非常累，员工非常被动。

事实上，决定（分配资源）是一个不断进步的过程。在探索未来，向目标迈进时，需要与时俱进，及时调整我们过去的决定。我们要主动评估当时做决定时对未来所作的假设是否还适用，决定实施后的效果是否达到预期的指标，而做及时的调整。我们的决定会因我们及时、主动的调整，而产生更好的结果。决定的结果不单取决于拍板时对未来预测的准确度，更取决于我们是否主动、及时地调整自己过去的决定，以应对随时在变化的时事。在做决定时，就必须准备好未来将会做调整。所以，决定是一个迈向目标时不断进步的过程。

要不断地进步，就需要有三个步骤：

第一，随时观察：观察社会、政治、经济、文化、科技上的改变，观察客户需求的变化、动向，观察市场竞争的变化，观察供应商的变化，观察事业内部各样不同的变化。要主动、随时地观察业务情势的改变。我们要随时观察情势，在问题中找机会，因为“问题与机会是一件事的两面”，它们都代表“未被满足的需求”。人们的问题都是因为有些需求未被满足；然而未被满足的需求，正好又是商机。因此，我们要随时观察情势，在问题中找机会。只有随时观察才能给思考提供内容。

第二，思考：思考价值主张。没有主张的人，是不能有贡献的，因为没有主张的人，是无所适从的，更不可能领导他人到达理想的目的地，跟从的人更是盲目。所以，领导要有主张，每位团队成员也需要观察、思考，有主张，否则就没有贡献。然而，我们的主张一定要有价值，要对客户、员工、股东、公司、合作伙伴、社会有价值。没有价值的主张，注定不持久，将被人抛弃，因为没有贡献。当我们观察各种变化、挑战、问题的时候，就要去思考解决的方案。解决方案就是有价值的主张，对客户、员工、股东、公司、合作伙伴、社会都有价值的主张，这些价值主张就能转化成新的战略和行动计划。

第三，实验。为何称作实验？因为：

a）有创新的部分。如果没有任何的创新亮点，那不过就是固守成规，不能算作实验。之所以称作实验，就表示我们的计划、价值主张有创新的成分，有以前没有尝试过的事、没有尝试过的方法。

b）可能有风险。没有任何风险的主张，可能早就被人做过了，不会到现在还没有人尝试。因此，价值主张一定有一些潜在的风险。如此，就必须有风险管理。任何创新都有潜在的风险，我们不需躲避，更不该忽视风险，而该面对它，找出降低、控制、排除风险的方法。对于可以降低、控制的风险，就可以去冒险。

如果我们能承担最坏的风险，我们就可以去冒险；如果不能承担最坏的风险，就不要冒险，而是要再思考分散、分担、降低、管理、对冲或控制风险的方法。

c）实验结果必须记录、评估，才能改进。既然是实验，成功就不是被保障的。我们需要高频率地评估自己，评估先前对未来的假设是否还适当，评估实验是否有进展，是否在迈向成功。所谓的成功，就是向着目标拉近距离。如果我们的行动计划使我们离目标愈来愈远，那就是一个失败的实验。所有的实验、行动，都是让我们从现状往目标迈进，现状和目标之间的距离，应该是愈来愈近。如果是愈来愈近，我们就可以继续下去。如果原地踏步，或者退步，我们就应该主动地调整。

因此，决定（分配资源）是一个不断进步

的过程。它需要：第一，随时观察环境情势；第二，随时思考价值主张；第三，经常做有风险管理的创新实验，向目标迈进。如果我们把决定看作是一个不断进步的过程，而非一次性的事件，我们就不会那么恐惧而不敢做决定，因为决定不是不能改变的，而是必须调整和改变的。在做每一个决定的时候，都要准备将来会改变它。这才能与时俱进。我们鼓励大家做一些小实验，不断地进步；累积小进步，就是

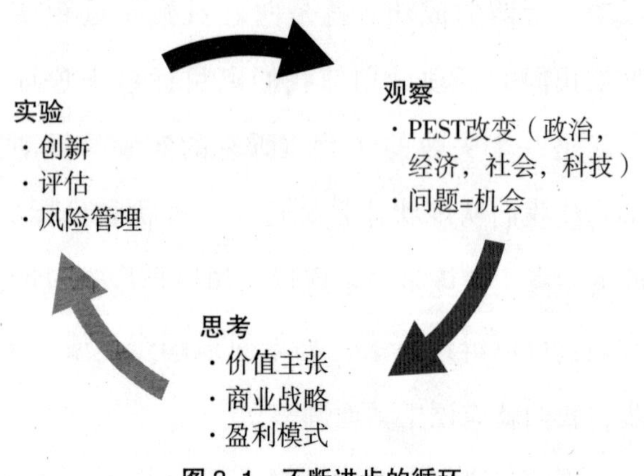

图 3.1　不断进步的循环

大进展，就能在市场上产生显著的差异。我们应该这样看决定：决定不依靠一次性对未来预测的准确度，而是一个不断进步的过程，随时制造并选择最好的方案，以有限的资源达到目标。

现在来看决策思维的起点：目标。

目标包括三个方面：

1. 明确的目的——我们到底要什么？

2. 明确的范围——包括什么？排除什么？

3. 明确的视角——我们从谁的观点/角度看事情，做决定？

一、明确的目的

如果我们知道最终要的是什么，我们就会去找答案、找方法、找更好的可选方案来达到目的。当目标不清楚或者不够清楚的时候，我们就会常常发现自己陷在问题陷阱里面，并且别人也会把问题丢给我们解决。时间是最有限、最必需，也是最公平的资源；是不能制造、不能回收、不能再生的有限资源。不管什么职位、什么背景或智商高低，每个人每天都公平地拥有 24 小时的时间资源，就看我们怎么分配。所有其他的资源都需要在时间资源内产生。当时间资源被耗尽了，其他资源都无效了。就像每个人一生的有限年岁用完了，人生就结束，其他资源都无效了。因此，每一项资源的分配都有机会成本，如果我们把时间都花在解决眼前的问题上，就可能没有多余的资源去追求长远的目标。

长期而言，你所达到的正是你的目标。因此，即使你可能很快失败，你也最好设定一个长远的目标。

——Henry David Thoreau

一个人的真正价值取决于他所追求的目标。

——Marcus Aurelius

我非常喜欢一句话：将军赶路不赶兔。试想古时候有两位将军去京城述职，一位将军快马加鞭向京城飞驰，马蹄声疾，尘土飞扬。路上有一些正在玩耍的小兔子远远看见疾驰而来的马，都吓得四处逃窜，自动让路。而另外一位将军却是优哉游哉，沿途欣赏着风景，路上的那些小兔子毫不在意，继续玩耍。当将军看到兔子时，就开始驱赶兔子，并追踪它们，而且可能追到森林里面就迷路了。两位将军，哪一位会先到京城？结果可想而知。如果大家问第二位将军，你怎么那么慢呢？他肯定会说，哎呀，路上兔子太多了，挡路，必须赶一下。而第一位将军可能会说，奇怪，我怎么一只兔子都没看到？因为它们都自动让路了。

领导若不快马急鞭、目不转睛地追求目标，团队成员就可能将与目标无关的问题交给领导解决，而不自行解决。如果看的都是眼前的问题，就可能看不见目标。

所以眼睛要永远盯着我们所追求的目标。目标如果不在我们的视线范围内，那就说明我们已经把目标追丢了。不要让眼前的问题把我们引到岔路上，而追丢了目标，是领导者最应该注意的。

又例如，赛跑者是向着终点（目标）跑，而不是向着观众席跑，更不是向着开跑的枪声跑。但是，在现实生活中，我们常常听见枪声（机会）就乱跑，或者跑向枪声而不跑向终点，或者听到观众席对我们的评论（问题），我们就朝着观众跑。请记住，只有向着终点、最早跑到终点的人，才能得到奖赏。开跑的枪声或观众的评论都应该驱使我们愈发加速向着目标跑。

二、明确的范围和视角

决定不仅要有明确的目的，还要有明确的范围和明确的视角。很多事业的目标都是要做全国第一，全国第一之后就是世界第一。这是很好的理想，但是还需要有范围和视角，才可以做资源的分配，进而实现这个理想。做全国第一，首先就要对这个“第一”本身加以定义，营业额第一、利润第一、品牌第一、客户满意度第一、市场份额第一……到底是什么第一？要在多长时间内达到第一？要在什么范围内做到第一？

我有一个学生是做童装的。我曾问他，“你的长期目标是什么？”他说，“我要做全世界第一的童装。”这是非常好的愿景，但是愿景跟实际做决策（资源分配）时的目标有些不同的讲究。愿景要远大，决策目标要有范围、有视角，才可能成功。这里童装的范围是什么？包括什么，不包括什么？是从初生的婴儿一直到12岁，男孩、女孩全部包办吗？从内衣、睡衣到制服、礼服全部包办吗？高档、中档、低档的全部包办吗？在时间上也需要有一个范围，你要在多少年内达到世界第一？你想要做第一做多久？你是要万人瞩目烟花式的第一，还是要建立一个百年老店？

然后是视角。要做“世界第一”的童装，是以谁的视角认为是第一？以孩子的视角，还是以父母的视角？是以客户的视角，还是以员工的视角？是以社会的视角，还是以投资者的视角？小孩子认为是世界第一的，在父母眼中可能不是。同样，投资者和员工的视角也会有差别。

在资源有限的情况下，不可能同等、同时地满足各方面的需求，也不可能同时挑战全世界所有的童装公司，所以决策的目标一定要有一个范围，包括什么，不包括什么？所有的童装公司都想成为世界第一，但是在范围和视角上，可能有很大的不同。每家童装公司讲的目标、理想、使命，表面上可能都是一样的，但因为它们的范围不一样，它们的视角不一样，因此会导致不一样的决定、不一样的结果。

我们制定战略目标时，需要考虑我们的现有资源；在长远的理想愿景之下，制定一个个阶段性目标，最终实现我们的长远理想。

因为我们的资源是有限的，所以用同样的资源，如果我们选的跑道很宽，那么这个跑道就只能铺得很短；如果我们要把跑道铺得很长，那它可能就要先窄一些。但是资源是会增加的，随着我们每一个阶段性目标的实现，我们的资源就会增加，这时，我们就可以继续追求下一个阶段性目标，把我们的跑道继续延伸下去，或拓宽一些。

回到童装公司的例子，在目前的阶段，或许我对童装的定位是面向小学女生的、高档次的童装，我要做品牌第一并且利润第一。如果有人抱怨我的童装价位太高，年龄覆盖面不够广，这些都不是我目前该解决的问题，因为我目前的目标就是具有年龄段、品牌和利润的范围。我应该集中资源在我选定的范围内达到目标，然后再追求下一个阶段性目标，逐渐地达到长远的目标。

三、目标的共享与公开

确定目标的方法应该从愿景和使命开始，这是每个组织都应该明确的。但是在这个愿景或使命之下，我们还要注意其到底包括什么，不包括什么？我们是用什么视角来看事情？每一个决定都是一次资源的分配，每一次资源分配我们都要确定一个视角，是从客户的视角、股东的视角还是员工的视角？不同的视角会让我们做出不同的决定。作为一个领导者，不仅要确定目标的视角，界定目标的范围，还要公开地说出来，而且要经常说。否则团队成员不但自己会忘记，还可能认为领导也忘记了，或对目标不认真。

目标是要公开、共享的，因为团队合作有两个先决条件：(1) 共享的目标；(2) 互相依赖，才能达到共享目标。因此，一个组织如果没有公开、共享的目标，这个组织就不会有团队精神与合作互助。团队成员如果不知道组织共同的目标，即使想出力都不知道该向何方施力，大家都在猜测、揣摩领导意图，其实这就是在浪费资源。如果目标不共享，团队成员无法分享达到目标后的成果，就不会尽心竭力地追求目标。若不是因为需要互相依赖才能成功，又何必合作互助呢？各做各的工作可能还更有效率，更愉快呢。

作为领导者，其个人目标与组织的目标应该是一致的，否则大家对他的信服、敬佩、尊敬和跟从就会大打折扣，也会给领导者本人造成在公私之间做取舍的矛盾和困扰，并会对组织造成伤害。如果二者一致，就会双赢，否则就会两败。

我常常在上课的时候，要求学生把他们的目标，包括组织的目标和个人事业的目标都写下来，而且要并排地写，因为作为一个领导者，这两者之间是绝对不能有冲突的，否则两败的结果是可以预期的。

四、目标的常见错误

在目标上，最常见的错误在于：目标不确定，范围不明确，或视角不清晰，因此很难做出最好的决定。人们有时一旦接收到一个问题的框架，就迫不及待地跳进去埋头苦干，只想解决问题，而忘了目标；或者目标与手段不分，坚持一种达到目标的手段，而非坚持目标本身并与团队一同提出更多、更新的、可以达到共享目标的方法。所有独裁者都是有理想的，只不过他们认为只有自己的那一种方法能实现理想，并坚持他们独有的方法，因此不能包容有共同理想但有不同做法，或能够提出更好方法的人。这就是犯了手段目标化的错误。领导应该以共享目标团结同路人，让人人都可以贡献达到目标最好的方法，而非以某个达到目标的方法来分出敌我。

还有一种常见的错误是目标不够高远，很容易就能达到，而达到之后就没有目标，没有追求了。另外，领导者的个人目标如果跟公开的团队目标有冲突，甚至背道而驰，迟早也会出现大的决策失误。

每个决定都是关乎未来的，而未来没有事实根据，只有预测和假设。所以，每个决定都是建立在对未来的假设上，这种假设可能正确，也可能不正确。因此，我们要主动评估自己的决定，主动地调整，不要等着被别人改变。主动改变自己决定的人是英雄，被别人改变的则是失败者。不要把自己的面子、尊严和所做的决定挂钩，否则就跳不出所有的陷阱。决定是以资源的分配来达到目标的，资源的分配可以与时俱进、随机改善。而目标和追求则应当志在高远，不常改变。我们的面子、尊严不要与资源的分配（决定）挂钩，而要与我们追求的目标挂钩，因为一个人的真正价值取决于他所追求的目标；有光明、远大的共享目标，才能号召、聚集志同道合的团队来合作。

目标的常见错误

“埋头苦干”而忘了目标；

目标和手段不分，手段目标化；

目标不够远大；

范围不明确；

视角不清晰；

别有用心/隐藏真实目的。

企业达到商业目标的途径就是创造价值，为客户、员工、股东、商业伙伴和社会创造价值。因为资源有限，我们不能在每一个决定上，同时、同等地满足所有人的所有需求，这就是为什么需要讲究轻重缓急——优先级。

第四章

优 先 级

本章要点

优先级（Priority）：

在长远的目标之下，要有轻重缓急的分别。要知道什么“更”重要，并且首先从“最”重要的事情着手。

在达到长远目标的过程中：

1. 不可逾越的底线是什么？

2. 下一步必须先完成的重要任务是什么？

3. 在所有重要的事中，哪一件事的机会窗口最窄？

4. 如果这是最后一笔多余的资源，我应该用在哪里？

一、什么是优先级

优先级是 GPA、IPO 中最难的一点，也是最考验领导者的。因为，谈到优先级，就需要做真正的取舍。美国时任总统肯尼迪 1962 年在莱斯大学演讲时，给优先级做了很好的定义。当年肯尼迪把登月计划列为美国的国家优先级计划，因为“这是美国愿意接受的一个挑战，一个不肯推诿的任务，一个决心要赢的领域，美国愿意付出必要的资源，把它做好，做成功！即使有风险和未知数，也将全力以赴”。

美国虽然资源丰富，但仍然有限，总统可以提议减税，或者把国家资源用在其他许多公共项目上，从国防、外交到教育、健康保险、交通运输的改善、福利等等，有太多太多的项目需要花费这些有限的资源。那么肯尼迪为什么要把这么多的资源用在一个看起来不切实际、比登天还难的登月计划上？因为，他身为美国总统，要确保美国在每一波科技新浪潮中领先。那么，现阶段的优先级就是以探索太空来推进下一波科技研发，继续达到以科技领先的国家目标。虽然他任期届满后才能看到成果，但作为一位负责任的领导者，他不肯推诿这个任务。而且，一旦确定目标，就必须付出必要的资源把高优先级的事做好。这就是对优先级的绝佳应用。

人生中有许多挑战，如果我们对每个挑战都不分优先级地接受的话，那我们可能会一事无成，而优先级就是我们现在愿意接受的那个挑战，愿意付出必要的资源，把它做好，做成功的事！

在有限的资源下，无法同时同等地注重每一件事情。如果目标长远、多元，挑战又多，就有设定优先级的必要。要定出阶段性的重点目标，并且在各种达到目标的可选方案中，分出轻重缓急。

譬如，我们要进入一个新的市场，我们的资源可能要先用于组建、培训团队，然后建立行销渠道，推出产品，再投入广告打品牌，这里面有一个轻重缓急的次序。当我们面对多种选择的时候，都需要分出轻重缓急的顺序。“不知轻重缓急”是不会做出最佳决定的。

二、如何确定优先级

分出轻重缓急是领导者与经理人的责任，因为这是最难的，最考验领导力的。要分出轻重缓急，首先要知道不可逾越的底线是什么。我们虽然以目标为导向，但是我们绝对不能为达到目标而不择手段，饮鸩止渴。底线是永远的第一优先级。领导首先要守住底线，即首先分配有限资源以维护底线。

底线是与目标相互辉映的，底线的作用是防止我们自己的选择会摧毁达到目标的可能性。不考虑有可能穿越底线的方案，才有可能达到目标。

例如，许多优良的企业都有相同的企业目标：名利双收，永续经营，就像许多优秀的政

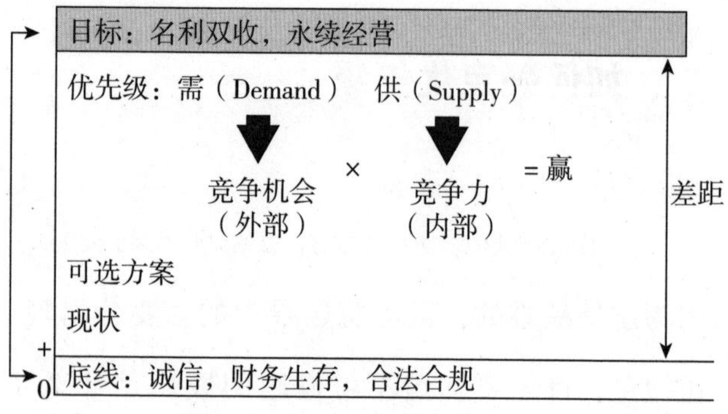

图 4.1　优先级

治家都有相同的目标：世界和平。这个目标是一个不停的追求，而非一时的要求。在追求的过程中会产生许多正面积极的进步。

那么与1)名，2)利，3)永续经营的三重目标相对应的三个底线是什么呢？我认为应是1)诚信，2)财务生存，3)合法合规。

第一，有美誉、美名的目标，就应有诚信做底线，因为一个不履行承诺、不可信赖的公司，是不可能建立品牌、有美誉的。品牌是一个承诺。承诺是自愿给的，没有人强迫我们做任何承诺。因此，在做承诺之前，我们必须考虑自己是否能守住承诺；只有能够守得住、达得到的，才可以承诺。不应轻易承诺。然而一旦做出承诺，就必须首先分配资源，守住承诺。如果明明知道做不到，却仍做出达不到的承诺，就是有意欺骗，破坏名誉，就不可能达到美誉的目标。比如某家食品公司的广告，承诺产品中没有味精，那么就必须没有味精。不能守住诚信的底线，就不可能达到美誉的目标。

第二，如果我们的目标是要有利润，那就应该有一个相对的底线，即财务生存。如果在财务上不能生存下去，利润就是一个不可能达到的梦想。今天虽然有许多巧妙的财务操作手段，但是每一个财务操作手段，都不能穿越这个底线，让我们在财务上无法生存下去。对于每个目标，都需要守住一个相应的底线，以免摧毁达成目标的可能性。

第三，如果我们的目标是永续经营，那相对应的底线应该是合法、合规。如果我们不合法、不合规，就像是制造一个定时炸弹，且把引爆器交到了政府手中。政府随时可以引爆我们自己制造的定时炸弹，那我们就无法永续经营下去。

因此，每个目标都需要一个相对的底线，

以防止自己的作为击败自己的目标。

在分配资源时，第一要守住的就是底线。如果底线守不住，根本就不可能达到目标。所以，资源首先要花在守住底线上，然后在底线之上，制订各样的可选方案；选择最好的，也就是用最少的资源达到目标的方法，向目标迈进。所有的可选方案，如果有逾越底线的可能，就不能考虑，要拒绝讨论，免得给自己设诱惑、设陷阱。只有底线之上的可选方案，才需要被讨论、考虑。因此，守住底线是永远的优先级。底线是与目标相互辉映的，它是防止我们自己摧毁达到目标的可能性。公司彻底的失败，常不是因为目标不够高远，而是因为忘记守住底线。守住底线是永远的优先级。

在底线之上确定优先级，需要先找出现状与目标之间的差距。现状与目标之间永远有差距。情势永远不是完美的。有差距没有问题，因为有差距，我们才会有追求。一个没有追求的人，是没有动力的；其生活也非常无聊、没有意义。现状与理想目标之间的差距，让我们产生动力去拉近距离，并且向理想的目标迈进。

就商业来说，要缩小现状与目标之间的差距，需要“竞争机会”与“竞争力”两股力量，就像市场上“供”（竞争力）与“需”（竞争机会）的两股力量一样；一方面我们需要市场给我们竞争的机会，另一方面需要自身有竞争力。如此，我们才能拉近现状与目标之间的距离。

当然，我们可以制造更多的机会、更多的竞争力，这是不断的进步。然而，在任何时期，这两者之间的差距并非是同等的：有时候我们需要更多竞争的机会，有时候我们需要更多的竞争力。然而，只有当这两者都存在时，我们才有机会在市场中赢。这两者之间的关系是乘法的关系，因为若任何一边是零，结果都是零。

如果没有竞争机会，我们虽然有竞争力，也不过是英雄无用武之地；如果我们有许多竞争机会，但是我们没有竞争力，一直比武也不过是消耗资源，并不能赢得任何的结果。所以，我们永远在竞争机会和竞争力上有进步的空间。

然而，在每一个阶段，分析现状和目标之间的差距后，会知道缺的是更多的机会，还是更多的竞争力。我们要先找出最大、最关键的差距，然后才能够让难题迎刃而解，把有限的资源用在消除最重要的差距上。如果少了竞争的机会，我们应该花资源去制造更多竞争的机会；如果少了竞争力，我们应该花资源去提升自己的竞争力。通常，竞争机会是关联于外部的，像行业、社会、国家的政策，会决定我们竞争的机会；竞争力是关联于内部的，我们可以不断地提升自己的竞争力。然而，必须有市场机会加上自身的竞争力，才能够拉近现状与目标之间的距离。

在确定优先级这一点上，首先要知道最重要的差距在哪里。找差距首先需要了解两点：第一点，未来理想的目标；第二点，现状。然后，我们就分析这两点之间的差距，看目前最重要的差距是外部竞争机会的差距，还是内部竞争力的差距。它们的解决方案是非常不同的。如果是竞争机会的差距，我们就要尽力花资源去外部制造机会；如果是竞争力的差距，我们就要花资源去提升内部的竞争力。找到正确的差距，就能够进行到下一步：制订许多的可选方案，去消除此特定的差距。然后，选择最好的可选方案，就是用最少的资源去消除这个差距，以拉近现状与目标之间的距离。

消除差距有两个方法：一个是提升现状，一个是降低目标。如果降低目标，我们就不能够进步。因此，不应降低目标。目标是给我们去“追求”的，而不是给领导去“要求”的。我们要不断地提升现状，向目标迈进。领导需要带着团队去追求目标。在追求目标的过程中，会产生很多的进步，而不是一味地“要求”达到目标。因为若是目标达不到，团队就会失去士气，甚至会制造假的数据来欺骗自己，或是一味地降低目标来减轻压力。事实上，我们要对目标有正确的认识，目标是给我们追求的，让我们在追求的过程中不断地进步。因此，我们不要“要求达到目标”，而是要“要求进步”，并“追求目标”。我们可以设立指标 KPI（Key Performance INDICATOR）告诉我们是否在进步中，但是指标（如路标）不是目标（如目的地），指标要当医生的健康报告来用，而不是当法官的判决书来用。只要我们每天都在进步，累积起来就是惊人的成就。并且，完美目标本身的定义，也一直在改变、在提升。所以，我们要带团队一起追求光明远大的目标，在这个过程中每天产生进步，奖励各种大小的进步，鼓舞人心继续向理想目标迈进。

在优先级的轻重缓急上，不要先考虑紧急不紧急，而要先考虑重要不重要。不重要的事，何必在乎紧急与否。永远先做最重要的事。如果几件事的重要程度相当，不妨从它们可能造成的影响或风险的角度来区分轻重，先做正面影响大、风险小的事情。

最后，如果几件事情都同样重要，我们再来考虑紧急不紧急。紧急的标准应该是机会窗口的宽度，而非他人或现状施予我们的压力。机会窗口越窄的越紧急，机会窗口越宽的越不紧急。

我们可以通过下面四个问题来帮助我们确定优先级。

在达到长远目标的过程中：

1. 不可逾越的底线是什么?

2. 下一步必须首先完成的重要任务是什么?

3. 在所有重要的事中，哪一件事的机会窗口最窄?

4. 如果这是最后一笔多余的资源，我应该用在哪里?

三、优先顺序的常见错误

如果我们发觉优先顺序很难确定，那就表示我们的目标不够清楚。如果目标非常清楚，优先级的确定就没有那么难。还有一个常见的错误现象就是：优先级等于终极的目标。这是非常危险的。因为“人无远虑，必有近忧”，如果我们下一步必须先做的事就等于我们最终的目标，就表示我们的目标不够远大，我们没有长远的目标。那么下一步的成功，就将使我们因达到了目标而不再有追求，不再有动力去进步了；而下一步的失败就将成为终极的失败。因此，目标必须远大，优先级是在追求长远目标的过程中必须先做的下一件事。

优先级的常见错误

“所有事情都一样重要”；

没有明确的底线，或忽略守住底线的重要性；

混淆“紧迫性”和“重要性”；

混淆“重要性”和“影响力”；

忽视“无形的”价值；

忽视“间接”的影响；

不明确的取舍。

第五章

可选方案

本章要点

可选方案（Alternatives）：

要考虑多种可选方案，不要接受显而易见的答案。不要做“是非题”，要做“选择题”。

任何决定都不会比最好的可选方案更好，所有的决定都可以因为有了更好的可选方案而改变。

最好的可选方案，常是许多创新想法的组合。

一、可选方案的必要性

在明确的目标、清楚的优先级之前提下，应当考虑多个可以达到目标的可选方案后再做决定。

如果因为别人提出一个建议，我们就只考虑这唯一方案的利与弊，只顾着去完善这唯一的方案，然后在只有一个方案的情况下做“是非题”的决定，那么，我们不会知道这个决定是不是最好的决定，因为我们不曾考虑过其他的可选方案。事实上，我们已经陷入了机会陷阱。

任何决定都不会比最好的可选方案更好，

所有的决定都可以因为有更好的可选方案而改变。

决定是为达到我们的目标而进行的资源分配。我们的目标是不会改变的，然而，带领不同的部门，达到目标的方法、角度并不相同，这些方法是随时可以改变的。正是因为我们愿意改变，愿意突破自己，愿意创新，愿意改变自己过去的决定，所以我们才会有进步，没有改变就不会有进步。在改变之前，应该思考；在思考之前，应该观察，因为观察、思考、实验，再观察、再思考、再实验，是一个不断优化的循环过程。

二、可选方案的原则

可选方案应该是：创新的；本质上有差别

的；可达到目标的；可执行的；不会造成不能应付的风险的。

就可选方案而言，第一个原则就是创新，如果没有创新，就没有进步；第二个原则是不同的可选方案在本质上应该有差别。这两个原则应该如何理解呢？

我有一位 MBA 的学生出身医生世家，从小父母就希望他将来做医生。但是他因为看到家里的亲人每天上班，都是去看生病的人，所以就决定自己长大以后，上班要看健康人。当他向父母争取学商科时，他强烈要求父母给他选择的自由。他的父母非常困惑地回答说："我们怎么不给你自由了？你有那么多的自由选择，你可以学内科、外科、耳鼻喉科、眼科、脑神经科、骨科、妇产科等等，选择太多了。"

这说明一件事，其实我们每个人都是井底之蛙，区别只在于，"井"在哪里，井口有多大。对一个在医药“井”里的“青蛙”来说，外科、内科在本质上是不同的，是有很大差异的，哪知本质上更大的差异是医药与土木、历史、天文、物理、音乐、厨艺等学科之间的差异。等到我们跳出自己的“井”，才会发现海阔天空，还有很多不同的“井”，还有很多不同的“青蛙”，青蛙之外，还有很多其他不同的生物。当然，这位 MBA 的学生，未来职业的最佳选择，也许是医科与商科的结合。我们不要把每个选择都当“是非题”来做，比如，是念医科，还是不念医科？要跳出“是非题”的框架，做“选择题”。

三、可选方案的产生

创新常常是被逼出来的，很多人都是在情

急之下，想出突破的点子。我们通常认为创造性就是要靠灵感，但是有很多研究证明，创新其实是一种锻炼，其中有1/3的灵感和2/3的纪律。

比如丰田公司，很多人把丰田工人的工作拍成录影，带回去照着模仿，但是没有用，因为丰田最大的资产，亦即它最大的竞争优势，是它的企业文化。公司里的每一个人，从CEO到最基层的工人，都有责任不断地挑战自己，不断地提出更好的可选方案来改进工作。而且丰田公司形成了一种企业文化，鼓励每位成员去观察、思考、实验新方法，不断地改进、优化。这样长期的沟通、要求、激励、培训，才能形成企业文化。

如果人们愿意去思考，世界上所有的问题

都能解决。

——Thomas J. Watson

发现可能性之极限的唯一办法，就是探索不可能。

——Arthur C. Clarke

四、如何制作可选方案

创新就是逼自己探索什么是不可能。如果我们不逼自己，而直接接受显而易见的答案，就不可能创新。

很多创新小组其实都是在一个多元化的组合之下，经过很多轮的脑力激荡，才产生创新思维和产品。一个创造性的团队需要成员在能力、经验、技巧、知识、文化、思维方面有相当大的差异，这就是为什么国际化的公司会刻意建立多元化团队。我们都在某个“井”里面，有时候即使想跳也跳不出来，所以在进行脑力激荡，想要制作更多可选方案时，常常需要借助某些外力。因此，有时候团队会特意邀请一些顾问等别的“井”中的外来人员，来挑战自己的思维方法。要常问“为什么不可以”，来挑战固有思维。

创新的团队是组成的，是锻炼成的，不是天生的。

在激发想象力的方法中，我最喜欢的一种是反溯法。因为所有的决定都关乎未来，所以最好的方法就是走到未来。设想五年后，我真的打造出了全国第一品牌的童装，那么，今天我做什么决定，能使我在五年后达到这个目标？

或者反过来说，假如五年后，我不但没有做成中国第一品牌的童装，我的公司还破产了，那么，我今天到底做了什么样的选择和决定，才会导致这样的后果？

还有一种方法是联想法，就是看看其他行业的方案是不是可以借鉴，可不可以用于我所在的领域。比如，我是不是可以借鉴别人卖可乐的成功案例，把它用于卖童装？在其他国家成功的案例或突破点，是不是适用于我所在的环境？

在做脑力激荡时，在制作可选方案的过程中，不要一面制作，一面评估，这样会抹杀许多创新的想法。此时，我们应该先"不负责任"、海阔天空地去想，否则就跳不出原有的框架，跳不出自己的"井"。我们要先注重可选方案的数量，再考虑品质。有了数量，才有可能提炼出品质，或者组合成一个高质量的可选方案。

最好的可选方案，常是许多创新想法的组合。

你的想象是未来的预告片。

——Albert Einstein

创新就是不断制造和表达可能有用的新奇想法的过程。

——Dorothy A. Leonard and Walter C. Swap

想象力需要集思广益，所以必须给团队发挥想象力的气氛和空间。在制作可选方案的阶段，在脑力激荡的过程中，一定要延缓评估，避免批评，鼓励乱想，挑战固有思维，要先强调方案的数量而不是质量，有了数量才能提炼出高质量的方案，并且随时记录各种想法。在制作多种可选方案的过程中，要常说“为什么不可以”。

在脑力激荡的过程中，领导者可以刻意不参加，以免因领导者表达了个人看法而阻碍团队的想象力。我们要小心创意的杀手，比如：这个是不会被批准的，不会被接受的；这不是你的事，不是我的事；很多年前我们尝试过，没有成功；现实一点吧，别开玩笑了；这个很不错，对别人很适用，但对我们是不可能的；我们没时间去做这个事情；这个如果做了，牵扯太多，不可能成功的；这会产生很多的问题……以上这些想法和说法都可能扼杀想象力。最后，最可怕的创意杀手，就是沉默——我不参与，我不去动脑筋，我不去挑战自己，我沉默。

《盒内思考》这本书也提供了五种方法帮助人们在现有的资源边界内创新，是值得参考的书。

当然，我们的时间资源有限，不能一直制作可选方案而不做决定，所以要在目标清楚的前提下，在底线之上，先尽情地去想，尽可能产生许多的创新想法，到了客观推理的阶段，再非常理性、负责任地探讨这些方案的可行性，做出最后的选择。

五、可选方案的常见错误

脑力激荡会产生很多的想法，最佳的可选方案常常是集思广益的结果，是多个创新想法的组合，能够有效地达到目标，又不会导致不可控制的负面影响。关于可选方案，最常见的错误就是只有一个可选方案，大家就开始讨论这个方案是否可行。我们浪费在争论上的时间和精力，可以用来制作更多的可选方案，这样才有可能带来更好的决定。最好的可选方案是所有方案优点的组合。只有当我们有足够多的可选方案之后，我们才有选择，才能选出最好的方案。

其他常见的错误还有：负面的假设让我们错过某些可选方案；反复争辩某个可选方案是否可行，而不是考虑怎样使它可行；所有的可选方案大同小异，其实都是同一个，只是换汤不换药而已。在制作可选方案的过程中，有两个常见的问题：一个是不动脑筋去思考、创新；另一个是偶然想出点子，就坚持不放，而不愿集思广益，与别人的想法去芜存菁，组合成最佳方案。

可选方案的常见错误

只有一个可选方案；

因负面的假设前提而错过最好的可选方案；

把有限的时间用于反复争辩某一个可选方案的利弊，而不是制作更多的可选方案；

所有的可选方案大同小异，本质上只有一个方案。

萧伯纳说过：“很少人一年思考超过两三次，我扬名全球不过是每周思考一两次而已。”我们往往因为太忙，没有时间去创新，没有时间真正去思考、探索所谓的不可能。萧伯纳还说过：“完全理性的人成不了大事。”所以，如果我们过于理性，考虑得太周到，可能就不敢创新、不敢冒险，也成就不了大事。然而理性的人多半也犯不了大错，所以最好的方法就是在制作可选方案时，大胆地狂想；等到客观推理时，再冷静地加以理性分析。

要做非理性的创意家，最理性的实践家。

但是我们不能一直制作可选方案而不做决定。那么我们何时可以暂时停止寻找更好的可选方案?

当我们对以下所有问题的回答都是“是”时，我们就可以暂时停止寻找更好的可选方案，并开始进行客观推理，在可选方案中做选择:

1. 你有多种可选方案吗?有些方案是否明显不同于其他的方案?

2. 你是否对现有的某一个方案感到非常满意，可以把它作为最终的选择?

3. 此项决定的其他要素(如客观推理)需要你投入更多的时间和精力吗?

4. 时间花在其他决定或活动上是否更有成效?

第六章

客观推理

本章要点

客观推理（Objective Reasoning）：

把可选方案推理到执行时可能带来的结果，选择带来最佳结果的方案，并为将来的执行做准备。

完美可以是理想的目标，但通常不是现实中的可选方案，不要因为理想放弃现实，也不要因为现实放弃理想；要选择最好的现实，去实现理想。也就是说，不要在目标和可选方案之间做选择；要选择最好的可选方案，去达到目标。

在第二章中我们曾提及，高效、高质量的决策需要满足的第二个方面是过程要高效、高质量。决策过程高效、高质量的三个重点是IPO：信息（Information）、人员（People）、客观推理（Objective Reasoning）。在决策过程中，什么样的人应该参与决策制定过程；如何对各种可选方案进行客观的推理，以便做出最后的选择；应该收集什么样的信息，为将来主动调整我们的决定做准备；这些都会影响到一项决策的最终效果。

有了好的决定，只是成功的一半；另外一半还要看这个决定，能不能被成功地执行。想要成功地执行决定，就要在决定的过程中，做客观的推理。

一、什么是客观推理

从执行的角度来看，决定中最重要的一环就是客观推理。

什么是客观推理？客观推理是将各种可选方案，转化成在执行时可能会带来的正面与负面的结果，并对各种可选方案的结果之可能性进行评估：评估可选方案正面结果对实现目标的价值；评估实现正面结果所需的成本和资源；评估可选方案负面结果的影响及相应解决方案所需的成本和资源。客观推理的作用是为将来的执行做准备；客观推理的过程也会促成更多创新的想法，让有限的资源产生最大的正面效益，并尽量降低负面影响。

我们所做的决定，就是对资源的分配，而资源的分配一定会带来一些结果，有正面的结果，也有负面的结果。如果我们的资源分配是没有结果、不会产生任何效益的，那就不需要做了；因为这是在浪费资源。就这个意义而言，我们的决定不是选择最好的可选方案，而是选择可选方案会带来的结果。会带来最高价值的结果，有最好的效益，风险最小且可控的方案，才是最佳的方案。

所以，客观推理该做的事，就是考虑每个方案的结果，然后根据结果来选择方案。

决定不只是选择最好的可选方案而已，更是选择可选方案会带来的后果。

二、怎样做客观推理

当我们有多个可选方案的时候，首先要对

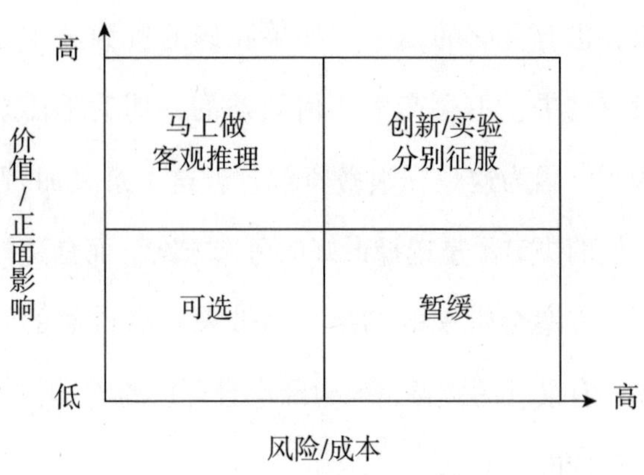

图 6.1 可选方案优先级

它们进行分类。针对每个方案的正面价值、负面风险和成本，做出一个高、中、低的划分。创新的想法，大致可以分成四类：

1. 正面价值高、风险/成本低；
2. 正面价值低、风险/成本高；
3. 正面价值高、风险/成本高；
4. 正面价值低、风险/成本低。

第一类，正面价值高、风险/成本低的方案应该作为首选，可以“马上做”客观推理；第二类，风险/成本高、正面价值低的方案应该暂缓，现在暂不考虑。还有另外两类方案：第三类，正面价值高、风险/成本也高的方案。譬如说，送人上月球的登月计划，对希望在科技新浪潮中领先的美国来说，是具有非常重要的正面价值和影响的，但是它的成本和风险也非常大。如果我们确信它的正面价值，并愿意接受风险/成本的话，就需要通过创新、实验，分步去征服，直到最后成功。第四类，正面价值相对低，但风险/成本也相对低的方案，可以考虑选择几个。因为虽然方案的正面价值不是特别高，但成本很低，风险小，如果它们合并累积的价值会增加，但是合并累积的风险并不会增加，那我们可以考虑在有限的资源范围内选择几个这样的方案。当然在优先顺序上，还是以正面价值高、风险/成本低的方案为首选。

对方案进行分类之后，要从“马上做”的方案开始做客观推理。在客观推理的过程中，我们要评估：要达到我们的目标，需要付出什么样的代价？我们有没有这样的资源？我们有没有能力获取这些资源？获取资源并分配运用资源之后，我们是否可以实现目标？这些都需要非常客观地去考虑。另外我们还要评估：如果负面风险产生了，我们是否愿意承担这个后果？我们是否愿意动用更多的资源去降低、控制风险？因此，现在我们就要考虑：这个方案可能带来什么风险，如何用资源去化解风险、分担风险或者分散风险？一旦风险真的发生，该如何去控制并降低风险？我们必须想出实现正面效果并且降低负面影响的应对方法，以及所需要的资源。

遵循一个简单的原则：如果我们可以承担最坏的后果，就可以冒险。

——Dr. Joyce Brothers

在准备上失败就是准备去失败。

——John Wooden

也就是说，客观推理需要推理到，执行时要通过什么样的资源分配，来实现正面的效益、降低负面的影响。如果在这个阶段，没有进行充分的客观推理并一直推理到资源分配的程度，我们就有可能做出不负责任的决定，不但没有达到目标，反而意外不断。

在美国加州有一所公立高中，辍学率高达50%，女生辍学大多数是因为怀孕，且孩子的父亲也是负不起责任的年轻男孩。然而，这些女孩还是决定把孩子生下来，由自己抚养。因为经济条件差，没有其他人可以帮忙，她们就只好辍学，开始领社会福利金，待在家里看孩子。她们从此前途黯淡，常常不能从社会福利系统中脱身。

当这些辍学的女生被问及为什么决定生下孩子自己抚养时，她们的回答通常是“我喜欢孩子”。这是一个只有主观意愿，却未经客观推理的决定。喜欢孩子是感觉，生孩子是行动，后果是从此开始一辈子做母亲。决定生孩子的主观思维是喜欢小孩，客观思维应该是愿意从此一辈子做母亲。如果我们问这些年轻的女孩：你愿意从现在开始，一辈子做母亲吗？你愿意从现在开始，承担做母亲的责任吗？从现在开始，你要为你的小孩去获取并分配资源，如衣、食、住、行、教育等等，使他成为一个可爱的社会公民。你愿意承担这些责任吗？这些年轻女孩的回答多是“没有想这么多”。但是不管她们想不想，这些后果都会百分之百地随着生孩子的行动而到来。

就算这位年轻的女孩喜欢小孩，也愿意一辈子做母亲，那还应该有优先顺序的考虑：在她人生的这个阶段，生孩子是最重要、最紧急的优先级吗？对她而言，生孩子的机会窗口至少还有 20 年，需要在此时此刻把握这个机会吗？

事实上，当这位年轻的女孩发现自己怀孕的时候，她至少有四个选择。第一个，她可以选择堕胎，这在美国是合法的。第二个，她可以选择把孩子生下来，让别人领养，在美国排队登记领养小孩的夫妇有很多。第三个，她也可以把孩子生下来，然后去领社会福利金，付钱请别人帮她带孩子，她可以继续念书完成学业，将来可以找到一份比较好的工作，来抚养她的小孩。第四个，当然她也可以把孩子生下来，去领社会福利金，然后辍学，自己在家带孩子。而这第四个选项常常使她们从此无法从福利系统中脱身。没有事先做客观推理就贸然采取行动，不但会给自己造成困扰，也会给社会带来许多问题。

三、客观推理的常见错误

客观推理的常见错误就是：不做客观推理，以为做了决定，就能心想事成，而忽视要实现正面效益所需付出的资源，也没有好好计划去获取资源，做资源的分配。比如，如果决定生孩子，就要准备好负责孩子的衣、食、住、行、教育等等，而这一切都需要有财务、时间、精力上的资源。

征询错误的对象，得到错误的意见，就是去请教没有这方面实际经验的人。例如去请教没有做过父母的其他高中同学。因为‘不经一事，不长一智’，只有实际经历过的过来人，才能给出客观的推理，预告行动后可能的后果。

第七章

信　息

本章要点

信息（Information）：

要收集正确、全面的信息，才能评估决定，以便做及时、适当的调整。

我们需要什么样的信息来帮助我们在将来实施时调整现在所做的决定？

我们需要什么样的信息来帮助我们做下一个决定？

如何获得这些信息？

如何使用这些信息？

客观推理的过程是需要花一些时间的，同时，我们需要信息来帮助我们完成这个客观推理的过程，所以，信息收集是高质量决策过程中的另一个重点。

一、信息的前瞻性

信息的第一个重点是前瞻性。在收集信息时，我们不仅要回头看，从历史中学习经验教训，希望将来不要重犯过去的错误，还要往前看。因为每一个决定都是建立在对未来的假设上，现在收集的信息是为未来的决策做准备。

在做决定的时候，要认识到这个决定是可以调整、可以改变的。我们要根据现实与过去所做的假设之间的差异，主动去调整和完善我们的决定，不要等到别人来改变我们。所以，我们应该一边做决定，一边开始收集信息，通过这些信息从两个方面来评估、改进我们的决定。第一方面是评估我们的假设是否正确，如果不正确就要主动调整；第二方面是评估我们有没有向目标拉近距离。能达到目标，或者能正面、积极地向目标迈进的决定，就是好的决定，是可以继续进行的决定，否则就要主动调整、改进。

二、信息的片面性

今天是一个信息爆炸的时代，有很多信息是噪声，会使我们六神无主、不知所措，或者被信息推着走，所以我们要学会分辨哪些是真正有效的信息。有时候信息本身是正确的，但是这些正确的信息只是片面的，我们不能根据这些真实但片面的信息就去做决定，我们需要有整体、全面的事实，需要收集足够的相关信息，才能做一个正确的决定。因为未来是有变数的，我们在收集信息时，要考虑到这种不确定性，我们能知道的范围有多大，还有什么是不知道的。有时，并非一个瞬间的场景，就能提供所有的信息，我们需要一段时间追踪去收集一些信息，来填充知识的局限，以便未来可以做出更好的决定。

我刚到美国念书的时候，第一次看到一种饮料，叫作健怡可乐，是减肥的人爱喝的，很多人都在喝。我想知道健怡饮料与人的体重到底有什么关系。于是我用了一周的时间，在食堂里观察收集资料，结果发现去排队拿健怡饮料的学生中，80%都是体重超标的。然后我又询问了我的同学中体重超标的人，几乎99%都是喝健怡饮料的。所以，经过一周的观察，我得出结论：健怡饮料使人发胖；因为去喝的人都胖，胖的人都喝。

很明显，这个结论有问题。可是我的信息和数据是正确的，为什么正确的信息、正确的数据，会导致错误的结论呢？因为我的信息是片面的。我没有做跟踪调查，没有对比数据。我没有看这些胖的人，如果不喝健怡饮料，而喝有糖分的普通饮料，是不是会更胖。我们在收集信息时所需要的是一段完整的影片，而不是几张照片而已。但不幸的是，我们很多人在做决定时，只有片面的信息、只有一些照片，而不是完整的影片。

三、利用信息处理未知

在第一章中我们曾经提到，决定永远是关于未来的，而信息通常是关于过去的。未来没有事实根据，只有一些预测和假设。那么，应该怎样利用这些基于过去的信息去面对未来，以减少未来的不确定性？也就是说，应当如何处理未知呢？

有三个方法：

第一，把未知变成已知。这听起来似乎有点矛盾，其实就是用演练、实验、模拟的方法去探索未知。利用少量资源去探索未知，进行分段的试点、示范或者实验，把未知变成已知。比如我们在推出一个新产品的时候，可能不知道市场的接受度如何，这时我们就可以在全国推广前，先选择一个有代表性的城市进行尝试，从中学习，调整，改进。

不确定性和神秘感是生活的能量。没有必要害怕它们，因为它们让无聊无处藏身，并点燃你的创造力。

——R. I. Fitzbenry

第二，把未知转化成可能的风险，然后降低、控制、管理风险。未知是不可控制的，但风险是可以控制、可以管理的。把未知转化为可能的风险，然后做充分的风险管理，寻求降低风险的信息，对风险进行冲淡与冲散，例如通过融资或风险保险等途径来分担风险。我在1999年负责IBM亚太区“千禧虫”的项目。在IT历史上，我们从来没有经历过千禧年的现象，有些人担忧惧怕得不愿意接受CIO的工作。事

实上，惧怕未知对我们没有帮助。未知无法控制，但是我们可以把这个未知可能带来的问题、风险列出来，再一一加以解决、降低，控制和管理。

带着恐惧的双眼，永远也看不到安全的未来。

——E. H. Harriman

不害怕未来的人才能享受现在。

——Thomas Fuller

第三，如果风险也是未知的，那么我们应该尽可能做可逆性的决定，以便在风险出现或增大时可以退出。例如，在签合同时，如果我们不能确定这次合作会不会成功，就可以在合同中写明，在什么样的情况下，我们可以无罚款地取消合同；或者在什么情况之下，我们的合同才继续执行。这样的考虑会使这个合同成为一个可逆性的决定。

另外需要强调的是，一定要设立未来的检查点。在未知之下，我们所做的决定都是有假设前提的。然而，这个假设可能是错误的，或者与事实有出入，因为我们事先并不知道，只有等未来成为事实之后，我们才会知道。所以，一定要设立一系列的检查点来评估自己的决定，随时调整并完善自己的决定。比如，我们假设未来一个季度的经济增长率是 2%，在这个假设之下，我们做出资源分配。如果一个季度之后，经济增长率事实上没有达到 2%，只有 1%，或者是超过了 2%，这与我们当初的假设有出入，我们就要调整我们的决定，这就是检查点的作用。

综上所述，未来一定有未知和风险，我们

不能一味地躲避风险，而是要管理风险，降低风险。可以用试点的方法来探索未知，或者做一个可逆性的决定，而且一定要设立检查点，要有纪律地去重新审视我们的决定。

四、信息的常见错误

我们从一开始做决定就要投入资源，收集适当、正确、全面的信息，以便主动调整我们的决定。另外，我们在收集信息之前，还必须清楚地知道，我们要如何使用这些信息，否则就是浪费有限的资源去收集无用的信息。

信息的常见错误

忽视对重要信息的收集（过去与未来）；

对未来的不确定性缺乏认知与准备；

从表面、片面信息推导出错误的因果关系；

一味强调我们所知的，而非真正重要的。

收集信息是相当耗费资源的，因此我们在收集之前，需要回答以下三个问题：

1. 我们需要什么样的信息来帮助我们做下一个决定？

2. 如何获得这些信息？获得信息需要哪些成本、资源？

3. 如何使用这些获得的信息？

如果不能精准地回答以上三个问题，就可能浪费资源而收集到无用、甚至会误导我们的信息。

第八章

人　员

本章要点

人员（People）：

决策制定者需要支持者和参与者，才能做出好的决策，并成功地执行决策。

决定者：分配资源的人。

支持者：可以说“Yes”的人，或者可以说“No”的人。

参与者：可以贡献并提高决策品质的人，“外来人”和“过来人”。

高质量决策过程的最后一点，是人员。所有的决定，不管是好是坏，是对还是错，都是人做出来的，所以人是最重要的。高效、高质量的决策需要三种人的参与和支持：(1) 决定者；(2) 支持者；(3) 参与者。

一、决定者

我们知道，决定者就是分配资源的人。如果分配资源的人，同时也是获取资源和掌握资源的人，那当然是最简单的。但有时候，获取资源的人或者掌握资源的人不见得分配资源，他们可能会授权他人去分配资源。或者当项目比较大的时候，可能需要很多方面共同提供资源，所以决定者就不是单一的，但仍然需要有一个主导者，这个主导者需要带动其他可以分配资源的人，共同做决定。

在决定过程中，除了决定者，我们绝对不能忽略另外两种非常重要的人，即支持者和参与者，否则即使做了决定，也无法成功地执行。

二、支持者

支持者有两种：一种是可以肯定、支持我们决策的人，另一种是可以否决我们决策的人。支持者不一定会直接参与决策的过程，然而决策者必须在决策开始前，以及整个过程中，一直与支持者保持沟通，取得他们的支持，否则即使做了决策，也可能无法执行。

第一种支持者是可以肯定、支持我们决策

的人，这种人通常是拥有较多无形资源的人，也就是有面子的人，或者有名的人、有更高地位的人。他可能不是真正分配人力、财力、物力的人，然而他所拥有的无形资源可以调动有形资源，所以由他出面支持，我们的事情就可以决定，我们的决策就可以执行下去。

第二种支持者，是可以阻碍我们成功的人，因此我们必须得到他们的支持。或者说，这类人士虽不能，也不会为我们分配资源，但是他的“No”可以使我们即使做了决定，也无法实施。这类人多属于监管单位，如内部的法务部、政府发放执照的部门等。

譬如，一名行销经理，接近年底时发现，只差那么一点就可以达到绩效标准，但这需要团队的行销人员加把劲，再努力一下。这名行销经理可以设立一个奖励办法，他有这个预算。然而，在这个过程中，可能会有某个人出来否决他的计划，例如人力资源部门的主管可能会说，这样的激励方法会在组织中造成不公平。人力资源部门的主管不能帮助行销经理达到行销目标，但可以否决这项激励计划，使他达不到目标。所以在做决策前和做决策的过程中都得有人力资源部门的支持，否则行销经理即使和团队沟通了，这项计划也不能实施，反而会失去信用。

三、参与者

参与者是可以贡献并提高决策质量的人，他们是需要参与决策过程的，可以在制作可选方案的过程中参与，也可以在客观推理的过程中参与，然而决定者不一定需要完全得到参与者在最终决定上的支持。

参与制作可选方案或者脑力激荡的人，可以是外来的人。他们知识丰富，与项目没有直接的利害关系，他们的作用就是挑战我们的惯性思维，提出一些所谓的天花乱坠的奇思妙想，来激发原有团队突破传统的束缚，帮助我们跳出我们的“井”。例如我们可能用猎头公司提供来自外部的候选人，或用顾问公司提供改进公司内部的方案，帮助我们做决定。“外来人”的作用不可忽视，但他们的方案可能不切实际，无法执行。

所以，到了客观推理的阶段，必须加上另外一些人，即有经验的“过来人”。“过来人”多半比较保守，不愿意改变，不愿意冒险，而且喜欢收集肯定证据，证明他们过去的经验是有道理的，他们的思维中可能存在许多误区和陷阱。这些人多半不会创新，如果你让这些人参与脑力激荡、制作可选方案的话，他们可能会抹杀所有的创新力，那不是他们的角色。然而没有关系，我们还是需要在客观推理时，听听他们的意见，因为“不听老人言，吃亏在眼前”。他们对决策可能带来的后果有着清晰的认识，以致在客观推理过程中，可以给我们提供很重要的帮助。

所以，最好的方法就是借脑力激荡产生足够的可选方案后，再让这些“过来人”参与客观推理的过程，帮助我们预测、推理方案可能导致的状况，并且想出应对的方法、降低风险的方案。这样，脑力激荡的结果，加上客观推理，就产生一些既有创意又可行的方案。

在这个过程中，需要强调分享与贡献。有了共享的目标后，每个人都一定要在达到目标的过程中，做出个人的贡献，提出可选方案，或参与客观推理。

四、人员的常见错误

决定者不愿意在目标和优先级上表明立场；

决定者过早或过强地在可选方案上表明自己的立场；

决定者不主动、不参与、不做决定；

邀请无关的人参与；

只邀请和自己想法一样的人参与；

没有一直与支持者保持沟通，取得他们的支持。

第九章

领导团队决策与有效的领导风格

本章要点

目　　标：权威式

优 先 级：权威式加民主式

可选方案：民主式

客观推理：教练式

人　　员：关系式

在带领团队做决策时，首先需要领导团队做三个重要的转换，才能有高效的决策过程：

第一，从发表意见转换成提出建议。意见是无法执行的，而且常常太情绪化；但建议却是可以执行的。建议要具体，例如谁会在什么时间内做什么，如何做？（who，when，what，how……）例如，建议：每位小组成员在三天内，提出可选方案，来提升目前的生产力。建议是可以执行的方案，因为有具体的内容：谁，在什么时间内，会用什么资源，做什么，如何做……如果只是意见，大家宣泄情绪，说生产力不好、士气低、品质差、客户不满意……那么这些意见如果不转换成建议，都是无法执行的空谈。所以，领导在带领团队做决定时，第一，要引导团队把无法执行的意见，转换成可以执行的建议。

第二，从讨论过去转换成创造未来。因为过去已经没有任何决定可做，没有人可以使时光倒流，重新做某个决定，或者改变当初的决策。历史是不能改变的，未来却是等着我们去创造的。因此，不需花太多时间讨论历史，而是需要学习历史的教训，不让同样的问题在未来重复发生。领导的责任是把团队领到更好的未来，所以领导的导向，永远是未来导向；如果不是为着更好的未来，就不需要领导。只有未来是可以创造的。我们可以用我们的决定，使未来比过去更好；我们所做的一切决定，也是为了使未来比过去更好。因此，第二个转换，是从过去转换到未来。

第三，从讨论问题转换到掌握机会。现状永远是不完美的，有许多的问题。然而，问题与机会是一件事的两面；它们都代表着“未被满足的需求”。未被满足的需求一方面是令人抱怨的问题，但另一方面是现成的机会等着人去掌握。如果需求都满足了，我们就没有机会来增加价值，也没有机会提供新的产品和服务给客户。因此，我们要把问题转换成更好地满足客户需求的机会，也转换成个人贡献价值的机会。

因此，这三个转换是领导在带领团队做决策前，需要引导团队去转换的：第一，把意见转成建议；第二，把过去导向转成未来导向；第三，把问题转换成机会，以团队的决定来增加价值，创造更好的未来。

在决策的过程中，领导风格是非常重要的。关于领导艺术的书籍有很多，理论也有很多种，都可以参考。Daniel Goleman 在《卓有成效的领导艺术》一书中把领导风格分成六种：强制式、权威式、关系式、民主式、领跑式和教练式。

领导者的不同风格

强制式：照我说的做！

权威式：跟我来！

关系式：人最重要。

民主式：你怎么认为？

领跑式：现在就跟着我做。

教练式：试试这个。

其实，重要的不是有多少种领导风格，而是一位有效的领导者，需要有多种风格。风格与人格不同。领导的人格应该是一致的，但是每位领导却都需要拥有并能展现多种不同的风格。风格有如颜色，单一的颜色没有对错、好坏。然而，只要将两种以上的颜色放在一起，就会立刻产生效果。领导风格有效果的讲究，不是对错、好坏的课题。在不同时间、不同情况下对不同的人，我们需要使用不同的领导风格，才能产生理想的效果。

每个人都有天生的倾向和风格。几种风格放在一起，就大有讲究。是不是搭配得当，产生什么样的效果？譬如，我喜欢穿黑色衣服，或许我每次穿黑色衣服出场的时候，大家都称赞，这可能是我的一种风格。因为大家的称赞，我就越发得意，每次出场一定都穿黑色，我也认为大家对我的期望就是要穿黑色出场。然而迟早有一天，当我再穿黑色衣服出场的时候，大家会对我说："王教授，我们还是很喜欢你，不过你那身黑衣服请换一下，因为我们这个场合不欢迎，也不适合穿黑色衣服的人。"可是，我的衣柜里除了黑色，就没有其他颜色的衣服了，结果大家只好请我离开这个场合。

领导风格单独看没有对错是非，要根据想达到的效果去选择合适的风格。要看跟什么样

的人搭配在一起成为一个团队，在什么场合、什么情势，哪种领导风格最能产生理想的效果。

不要把人格跟风格画上等号。不要认为风格就是自己的人格，不可改变。亲和的人未必需要亲和到底，强制式的人也应该有亲和的时候。如果是在同样的场合，同样的时间，对同样的人，就要运用同样的领导风格，否则就不公正。然而，如果在不同的情况下，对不同的人，还是用同一种风格，那可能就没有效果。反之，要运用不同的领导风格，这样才是有效的领导者，才能有效地带领团队达到目标。

所以，作为领导者，要知道自己带领的团队有什么样的成员，处于什么时代，当时的情势如何，从而选择适合的领导风格。如果被带领的人有很强的能力，甚至在某些领域能力比领导更强，并且是自动自发地在为组织做贡献，那就应该用亲和的民主式；如果带领的人能力较差，较被动，又是紧急状况，那就应该使用权威式，甚至强制式才最有效果。

决策制定的有效领导风格

目标：权威式

优先级：权威式加民主式

可选方案：民主式

客观推理：教练式

人员：关系式

根据自己多年的观察和体验，我学习到在做决策时，各个阶段中有效的领导风格。

在长远的目标上，一定要用权威式。作为领导者，如果在目标上不能明确地说出“跟我来”，那他将如何带领团队去追求大家共享的远大目标？目标不仅要记在心里，放在眼前，还要挂在嘴边。领导者要说出一个确定的方向，说出一个理想的目的地，说出跑道的边界。这是领导者的责任，也是领导者的权利和义务。

在优先级上，要用权威式加民主式，因为作为领导者，在操作层面上未必很了解现状细节，所以需要征询大家的意见，了解当地外在市场的需求与当时内部的状况，然后据此定出阶段性的轻重缓急。如果不用民主式，团队成员可能只报喜，不报忧；领导者对现状的了解有偏差，对目标与现状之间的差距有误解，就可能把有限资源浪费在不重要的差距上，而延误达到目标的时机，甚至做出错误的决定。领导在明确的目标下，守住底线，厘清阶段性的优先重点，是真正的取舍，且应该由领导者来做，因为这是最难的。所以，在这个环节应该采用权威式（对目标的确定）加上民主式（对现状的了解）的领导风格。

在制作可选方案时，则一定要用民主式。不用民主式，就不可能有一个创新的团队。民主式让大家都有参与感，觉得这是我们自己的主意，因而有责任感；在执行过程中，大家也会更加积极。否则领导者自己就成了瓶颈，达不到集思广益的效果。如果雇用人才，却不提供可以贡献想法、提出建议的机会，这是浪费人力资源。所以，在制作可选方案时，必须采用民主式。甚至要逼着大家去想出更好的可选方案，让创新变成习惯、常态、纪律、企业文化。

在客观推理时，就需要采用教练式；引导大家去考虑可能产生的后果。这不仅是责任的问题，大家还要共同承担后果。领导者要像教练一样，帮助团队进行客观推理，例如在执行过程中，可能会遇到什么挑战，以及如何运用资源降低风险，应对未来的挑战，并实现目标。

像教练似的引导大家进行理性的推理，不是聚焦在对错、好坏上，而是聚焦在如何利用资源去实现共享的目标和降低风险上。

在人员方面，则应当是关系式。如果我们邀请某人参与决策的过程，他应该就是可以分配资源的决定者，或是我们需要的支持者，或是可以做贡献的参与者，因此我们就应该给予他尊重，亲和地接纳他。

第十章

总　　结

本章要点

决策内容高质量 GPA

G：目标（Goal）

P：优先级（Priority）

A：可选方案（Alternatives）

决策过程高质量 IPO

I：信息（Information）

P：人员（People）

O：客观推理（Objective Reasoning）

“伟大的代价是责任”（The price of greatness is responsibility）是丘吉尔的名言。愿意付出更大的代价、承担更大责任的人，就可以更伟大。更高层的领导者，就需要承担更大的责任，做更重要的决定；他们的决定所影响的层面也就更广、更长远。负责任的领导者，应该有意愿也有能力公开自己的决策思维，接受参与者和支持者的帮助与监督，以提高决策的品质。

伟大带来更大的责任与权力。英国的铁娘子首相玛格丽特·撒切尔说过：“拥有权力就如同做淑女，如果你需要告诉别人你是淑女，那么你就不是了。”领导者不应该把做决策当作一种特权，用来显示自己的伟大，而应该把做决策当作一种必须承担的责任。领导者的决策不是为了达到个人目标，而是为了达到组织/团队共享的目标。领导者必须有公开的方法，去接受别人的贡献和参与，以提高决策的品质，又不落入无效的民主乱象，借口少数服从多数，推卸个人责任。能够在决策过程中想得明白，就能在决策后说得清楚，使整个团队都能有共识，共同努力，达到共享的目标。

经常有人问我，GPA、IPO 听起来简单，他们却常常忘记实行，并掉入陷阱。如何能保证实行？我的方法就是：

1. 公开我的决策思维，然后授权给我的团队监督我，并随时彼此提醒、监督。我相信，全体都掉进陷阱的概率，比部分人掉进陷阱的概率要小；集思广益的创新力，要比个人苦思的力量大；不同的人一起推理，会比个人推理更加周详。所以，团队如果有共同的决策思维架构，就可以做出比个人更佳的决定。

2. 从小的决定开始建立这种决策思维。例如，周末的时间怎么利用？去购物前想一想，我要达到的目标是什么？看到促销广告时想一想，花同样的钱有没有更重要的事情需要做？让这种思维经过反复运用而成为惯性思维。

我在本书中与读者分享了我的决策思维，介绍了决策思维的通用架构，包括决策内容的三个重点和决策过程的三个重点。

决策内容高质量 GPA

G：目标（Goal）

P：优先级（Priority）

A：可选方案（Alternatives）

决策过程高质量 IPO

I：信息（Information）

P：人员（People）

O：客观推理（Objective Reasoning）

简而言之，管理决策的主要步骤如下：

1. 随时观察时势，评估商业形势；

2. 确定长远目标；

3. 厘清目前的优先级；

4. 提出多项可选方案；

5. 客观推理可选方案；

6. 选择带来最佳结果的方案；

7. 制订实施、沟通、评估的计划；

8. 沟通、实施；

9. 评估进展，并主动调整；

10. 庆贺进步，再优化。

不断的优化需要三个循环的步骤：（1）观察；（2）思考；（3）行动/实验。完美如果是追求的目标，进步就是指标。在追求完美的路上，要庆贺进步，鼓励大家再努力去观察、思考、行动/实验，不断地改进、优化。

共用一个公开的决策思维益处多多，主要体现在：消除办公室的“政治”，因为决策思维是公开的、共用的，领导者可以分享权力，但不失控；保障领导者在设定目标和优先级时的领导权；团队成员可以更有效地贡献可选方案，并参与客观推理，以确保所选方案的顺利执行。

做决策，最重要的就是思维方法。这种思维方法会引导我们的决定。这种思维方法应该成为我们团队中每位成员的惯性思维，习惯GPA、IPO这个简单的决策架构，与团队公开沟通，互相支持、提醒。在决策过程中，我们可以随时自我评估：目标确定吗？有清楚的方向、目的地、边界和视角吗？目标长远吗？一致吗？共享吗？优先级、轻重缓急清楚吗？是不是守住了底线？是不是最先做最重要的事，以拉近与目标之间的距离？可选方案够多、够创新吗？对实施时会产生的结果推理清楚了吗？有充分的资源去实现理想吗？有充分的资源去控制风险吗？评估决定的指标与方法确定了吗？有资源可用于收集信息，以评估我们的决定吗？决策的沟通计划与资源安排了吗？

这样，大家可以基于共同的架构，用共同的语言来讨论。当然，仅有共同的思维架构还不够，我们还需要有纪律地不断实践，才会熟能生巧。

后　记

关于决策这个题目，我曾经思考很久。在工作的前10年，我并没有摸索出一套很简单的方法，做决定就是碰碰撞撞（Hit and Miss）的过程。碰碰撞撞的意思就是：有时候我碰对了，决定做得好，我很高兴，也很庆幸；有时候决定做得不好，在做决定时都没有太大的把握，做出决定以后也遇到挑战，或者经历一些困难。这些经历让我苦苦思索，到底什么才是好的决策方法？我也曾经征询过许多成功人士，问他们是怎样做决定的，但直到今天为止，我还没有遇到一个人，能够立刻很清楚地说出一套方法来。每个人听到这个问题之后，多半都会回答："嗯，这是一个很难回答的问题。"所以，我相信一般人对于做决定这件事情，拥有的都是一些碰碰撞撞的经验。

后来，我慢慢地找到一些原则，这些原则使我在做任何决定时都受益匪浅。这些原则可以应用于各种各样的管理决策，以及个人生活中的决定。这些原则主要来自观察，思考，经验的累积，外加平时阅读相关的书籍与课程。其中 Strategic Decision Group 的 *Quality Decision* 课程，以及 John S. Hammond，Ralph L. Keeney 和 Howard Raiffa 合著的 *Smart Choices* 对我最有益处，帮助我去思考、实验、学习、总结。然而有些书小题大做，很复杂，看过之后容易忘记。因此，我尽力简化这看似复杂的题目，用六个容易记住的英文字母 GPA 和 IPO 来说明在决策的内容上和决策的过程中最重要的六个要点。

在加入香港科技大学商学院担任全职教学

工作之前，我在IBM工作了30年。在这30年中，我在公司的内部一共调任过12个部门，涉及行销、服务、技术支持、业务开发、咨询、人力资源、市场、IBM内部变革转型、信息管理等不同的领域。其间，我在美国工作了15年，日本7年，中国香港8年。我在教学工作开始之前的职位是IBM高级副总裁，做过首席信息官，也做过首席市场行销官，负责IBM整个亚太地区的市场行销，包括日本、印度、新西兰在内的14个国家。每当被人问及，在如此多元化的职场中，带领形色各异的团队，我是怎样生存并且取得成功的？我的回答就是：我知道如何带领我的团队做出对组织最好的决定，并且成功地执行我们的决定。其实，这应该是每位成功经理人的标准答案。

我曾多次空降至不同的高位，在不同的领域带领多元文化的团队，由于我的决策思维与方法是公开的，所以我都可以在短时间内取得团队的信任，共同努力，达到共享的目标。我愿意把我的学习经验和感悟与更多的人分享。我相信，如果能够掌握GPA和IPO这六个重点，就一定能够有效地带领团队做出对组织最好的决定，并且成功地执行所做的决定。

王嘉陵

香港科技大学商学院商务实践教授

2017年